collection
AGE VERSEAU

PIERRE MICHAEL STAS

LA NUMEROLOGIE DU BON SENS

LES ASTRES - LES TAROTS - LES NOMBRES

CONCRAID EDITION S.A.
conseil • créativité • aide

collection
AGE VERSEAU
Directeur de collection : Etienne Preud'homme

Chaussée du Rœulx, Bte 707 - B 7000 MONS (Belgique)
Conseil - Créativité - Aide
Tél. 065/34.72.34
N° D'EDITION D-1988-4075-19
ISBN 2-87189-600-3

Ce livre est tout particulièrement dédié aux élèves de mon premier cours d'Astro-Taro-Numérologie, dont l'enthousiasme et les encouragements m'ont incité à l'écrire.

" C'est aux âmes comme la vôtre que mon livre est destiné. Bravo pour votre travail ! "
(Extrait d'une lettre qu'adressa à l'auteur le Docteur Roger Halfon, dont les livres sont repris dans la bibliographie du présent ouvrage)

Le Cosmos est le coeur et le poumon de l'Univers.
Il est en perpétuel état vibratoire.
Les Ondes sont le résultat de vibrations. L'Homme vit dans un monde dont les conditions de vie ne sont régies que par des ondes.
L'esprit et l'âme de tout Etre concourent aussi à l'émission de celles-ci. Selon notre fréquence, nous sommes ou non capables de les percevoir, de les recevoir et d'en moduler les effets.

P.M.S.

Le Sage se met en harmonie avec le Cosmos. Dante.

Il est plus facile de détruire un atome que de détruire un préjugé. A. Einstein.

Deviner, c'est imaginer juste. Oswald Wirth.

Les Nombres imitent l'espace, qui sont de nature si différente. Blaise Pascal.

Puisqu'on ne peut être universel en sachant tout ce qu'il se peut savoir sur tout, il faut savoir peu de tout. Car, il est plus beau de savoir quelque chose de tout que de savoir tout d'une chose. Blaise Pascal.

Cette pensée de Pascal est le principe même de la communicabilité.

PREFACE

Le Nombre ou le Chiffre !
Peut-on vivre sans lui ?

A tout instant, dans n'importe quelle conversation, le Nombre ou le Chiffre est évoqué.

Je gagne autant, je paie autant, etc.

Notre naissance et notre mort sont déterminées par des nombres puisque on prend pour référence la date de naissance et la date du décès.

En réalité, n'est ce pas être enfermé entre ces deux groupes de nombres?

Avons-nous une influence sur eux ou ont-ils une influence sur nous?

Entre ces deux extrêmes, nombre de naissance et nombre de mort, ne connaît-on pas une variété de cycles, eux aussi régis par des Nombres ?

Le Nombre, aussi rébarbatif qu'il fut, surtout durant la scolarité pour certains, est un symbole qui a présidé à la construction de bien des édifices, de bien des machines et engins et à l'informatique d'aujourd'hui et est aussi à la base des nouveautés de demain.

Qui créa le Nombre ? qui peut y répondre ?

Toujours est-il que le best-seller qu'est La Bible en fait état puis-qu' elle est structurée sur base des Nombres et toute la Genèse en témoigne.

Sensibilisée par les Nombres en raison de ma collaboration avec Albert Slosman, j 'ai lu avec beaucoup d'intérêt le manuscrit de Pierre

Michaël Stas, et j'y trouve une nouvelle fois que l'usage ésotérique de ces Nombres montre le monde comme une symphonie étourdissante.

Je citerai une phrase d'Albert Slosman, tirée de son livre " La Vie extraordinaire de Pythagore ", que: 'Rien ne sert à l'Homme de tenter de dominer la Nature s'il ne se conforme pas à sa Loi '.

L'harmonie des formes, l'équilibre de Vie et de la Nature ont été compris par des Hommes tels que Moïse, Pythagore, les Templiers, les Compagnons et bien d'autres.

Tous ont respecté l'ordre de l'Univers, des choses établies par le Grand Architecte. Serait-il le Cosmos ?

Il m'a paru, à travers la lecture de cet ouvrage " La Numérologie du Bon Sens" que Pierre Michaël Stas s'est attaché à respecter cet espèce d'ordre cosmique établi.

Il a, en effet, associé des données d'origine les plus anciennes, tels que l'influence des astres, les caractéristiques des signes ou constellations zodiacaux, aux lois fondamentales des Egyptiens, (Les 22 Régles d'Hermès Thot) et des Hébreux (Les 22 Lois de la Kabbale) ainsi qu'aux 22 arcanes majeurs du plus vieux mode de communication symbolique et orale que représente le Tarot.

Je considère ce livre comme étant le résultat d'une longue recherche complétée par une importante expérience astrologique et tarologique de l'auteur.

A une période où la Numérologie semble de plus en plus nous intéresser, ce travail d'érudition vient à son heure.

Elisabeth Bellecour
Auteur

La condition humaine se situe et se date, mais n'est sainement appréciée ni par l'idéaliste, ni par le matérialiste.

Celui qui comprend la vie dans son milieu cosmique se fonde sur des bases solides.

L'auteur de ce livre fait un essai loyal en ce sens. Il a construit sa raison sur une expérience personnelle riche et variée. Cette orientation du raisonnement mental a permis sûrement à Pierre Michaël Stas, d'ouvrir une voie nouvelle d'analyses de diverses sciences ésotériques. Mais il ne suffit pas de le prétendre, encore faut-il le prouver, sinon de manière irréfutable, du moins avec des arguments solides et ce, malgré le caractère mystérieux des symboles, même si certaines notions apparaissent chimériques. Tout l'art est de produire des explications plausibles et facilement vérifiables.

C'est à cette tâche particulièrement ardue, mais passionnante que Pierre Michaël Stas, s'est attaché. Son ouvrage fourmille d'idées nouvelles qu'il étaye solidement et qui ouvriront, sans aucun doute, un champ nouveau d'exploration pour tous ceux qui recherchent l'harmonie.

Suite à la lecture du manuscrit de Pierre Michaël Stas, j'ai été immédiatement conquise par le style et le regard neuf qu'il pose sur les différents symbolismes. Il a réussi la gageure d'en faire une synthèse qui ne manquera pas de provoquer des réactions en sens divers mais celles-ci seront une base pour commencer une recherche plus approfondie de notre environnement et par là même faire reculer un certain obscurantisme.

Mais il est trop simple de juger une pratique quelle qu'elle soit sur une lecture superficielle. Le but de ce livre est de montrer que, derrière ces mancies, se cachent des jeux subtils qui peuvent aider l'être à redécouvrir sa personnalité, comme totalité, en osmose avec le cosmos qui l'entoure.

Gémini
Astrologue
Secrétaire chargée des
Communications de
la F.F.A.

AVANT PROPOS

Il y a bien des années, je me suis intéressé à l'astrologie. Oh, je n'ai pas tout lu, je n'ai pas tout découvert car il n'y aurait pas assez de toute une vie pour connaître tout ce que le symbolisme, les combinaisons des aphorismes, les découvertes personnelles peuvent apporter ou dégager dans l'étude d'un thème.

Je me suis d'ailleurs souvent demandé comment il était possible de décrire brièvement et rapidement des traits de personnalité et de faire de succinctes prédictions astrologiques alors que l'expérience m'a démontré que la préparation et l'analyse d'une étude astrologique personnalisée me demandaient bien des heures de travail.

L'informatique est venue au secours de l'astrologie mais les huit à dix heures de recherche des indicateurs et de leurs interrelations (aspects des degrés entre eux, des planètes en signes et en maisons, de projections etc...) ne m'ont guère fait diminuer le temps que je dois consacrer à une telle étude.

Je suis assez lent. Cela est sans doute vrai.

Peut-être ai-je trop le souci de la recherche, de l'analyse?

Pour ceux que cela intéresse, je suis du premier décan du Capricorne(1°) avec une forte influence jupitérienne et un Ascendant en Poisson (29°).

Le Milieu du ciel est entre Mars et Vénus en Sagittaire.

Trigone Soleil-Neptune, Saturne-Neptune, Lune-Jupiter, sextile Jupiter-Uranus. Carré Soleil-Lune, Lune-Saturne et opposition Lune-Uranus.

Voilà en gros pour les esprits critiques.

Evidemment, il est simple d'assembler les aphorismes donnés dans les très nombreux ouvrages d'astrologie dont la plupart sont excellents.

Mais alors, ce serait utiliser une technique que l'on a plus ou moins bien apprise, tout comme le ferait une machine ou un robot.

Le musicien, par exemple, qui est sorti du Conservatoire avec un premier Prix de violon, connaît certes bien la musique et les techniques musicales et instrumentales.

Il sera un virtuose ou un "Artiste" à partir du moment où toute oeuvre qu'il interprétera reflétera une partie ou la totalité de son âme, de son esprit, de son intuition et de sa perception.

Il en va de même du peintre, de l'écrivain, du sculpteur tout autant que du médecin, de l'avocat, de l'informaticien, etc.

Ressentir, percevoir, ce que les Anglo-saxons appellent aussi le "feeling", aucun instrument ou machine, le plus sophistiqué qu'il soit, ne le transmettra jamais.

Ce sont des facultés propres aux êtres vivants comme certains animaux et l'Homme.

Alors, je vous le dis : se trouver dans un état de perception, d'intuition à tout moment est quasiment impossible pour ne pas dire tout à fait impossible.

L'état de voyance qui peut en découler n'échappe pas à cette règle.

Il y a sans nul doute des exceptions mais elles sont rares.

Etablir un thème astrologique en deux heures ou un thème numérologique dans le même temps ?

C'est possible, même en moins de temps !

Quelle belle machine !!!

Sept ou huit heures d'affilées ne sont pas toujours consacrées à ce travail.

Mais, il est nécessaire, dans un souci d'honnêteté et d'abstraction de soi, de se mettre en état de percevoir le consultant.

Il y a des mécanismes qui doivent se déclencher dans le subconscient et même dans l'inconscient de l'Astrologue ou du Numérologue, de manière telle que ses facultés de perception et d'intuition soient aiguisées et sollicitées et que, réciproquement, ces dernières le sollicitent.

A travers mes propos, vous pourriez croire que je ne reconnais pas à l'Astrologie et à la Numérologie leur caractère plus ou moins scientifique.

Or, il n'y a de science, disait Aristote, que celle basée sur les observations.

Les observations, dans le domaine de l'Astrologie et dans celui de bien d'autres techniques de perception, d'intuition, de prévisions, très souvent qualifiées à tort "d'occultes", ont été effectuées, consignées et comparées depuis bien des siècles pour que la majorité d'entre elles puissent être qualifiées de "Science".

Certains esprits un peu butés par leur cartésianisme ne peuvent l'admettre. Dommage pour eux, car leur imagination doit les priver de bien des joies de vivre.

Qu'ils réfléchissent néanmoins que tout ce qui touche à la parapsychologie est l'objet non seulement de recherches, d'études et aussi d'applications dans des pays comme les Etats-Unis et l'Union des Républiques Socialistes Soviétiques.

Et ce sont des scientifiques qui s'y attelent tout autant, malheureusement, que des militaires.

J'ai peut-être un peu mis l'accent sur l'Astrologie.

Cela n'a pas de relation avec le sujet de ce livre ?

Détrompez-vous : Astrologie et Numérologie font très bon ménage, ensemble, mais aussi à trois avec la Tarologie.

Qu'ai-je découvert?
A = 1, B = 2, C = 3, D = 4, E = 5, F = 6, H = 8, I = 9,
J = 1, K = 2, L = 3, M = 4, etc.

J'ai essayé de comprendre pourquoi, sur quelles bases des chiffres les mêmes avaient été donnés à des lettres différentes.
J'ai lu des ouvrages d'excellents auteurs, mais je n'ai guère trouvé d'explications rationnelles.
Voilà, mon esprit cartésien qui reprend le dessus.

Ce que vous trouverez dans les pages de ce livre, ce sont des explications que j'ai trouvées de-ci de-là, des conclusions que j'ai retirées de mes nombreuses recherches et lectures.

Ces explications et conclusions, je les ai comparées à d'autres écrits et même essayé de les confondre à ces écrits.

Que les auteurs, dont je cite les ouvrages en bibliographie, me pardonnent si j'ai repris certains de leurs textes.
Leur ouverture d'esprit leur permet, à suffisance, de ne point y voir du plagiat de ma part.
Qu'ils considèrent donc que c'est une forme de reconnaissance supplèmentaire de leurs mérites et intérêts.

Par souci de curiosité, je me suis amusé de faire un exercice d'analyse d'un éminent Homme d'Etat contemporain.
J'ai soumis cette étude au Docteur Roger Halfon, docteur en médecine et Numérologue à Paris.
Il m'a écrit une très gentille lettre d'encouragement et il me dit " C'est aux âmes comme la vôtre que mon livre est destiné... Bravo pour vos talents et votrte travail...".
Le Docteur Halfon est l'auteur de plusieurs ouvrages dont:
L'Homme, les Planètes et les Nombres,
Le Zodiaque des Nombres,
Le Zodiaque du Corps.
Vos Chiffres pour la Vie

Que mon livre soit un témoignage de reconnaissance à son égard.

UN PEU DE SAGESSE

Bien des Sages et des Philosophes ont découvert, appliqué et dispensé, au travers des siècles, un enseignement où l'Homme était à la fois le centre et l'objet.

D'importantes civilisations, des philosophies enrichissantes ont pris racine dans des régions extraordinaires et souvent très influencées par les influx cosmiques et telluriques.

La majorité d'entre nous, de culture latine ou ayant subi son influence, sommes fortement marqués par l'Ere chrétienne.

Nous avons tout ramené, du point de vue historique, à un commun dénominateur : la date de la naissance de Jésus-Christ.

Encore faut-il que cette date soit bien connue ? Notre année 1988 est la mille neuf cent quatre-vingt neuvième de l'Ere chrétienne.

Nous avons accepté ce mode de référence historique.

C'est devenu un principe, un aphorisme, un dogme.

Nous avons fortement subi l'influence de tout ce qui se prétend relever de la Chrétienté et certainement du Catholicisme en particulier.

Or, que constatons-nous ?

Que la Religion, quelle qu'elle soit, a toujours été à la base de l'influence de certains hommes sur d'autres hommes.

Que ce soient les Grands-Prêtres égyptiens, ceux de la Grèce et d'ailleurs, ou que ce soient les Pharaons, les Empereurs, les Rois-même, c'est au nom d'un dieu, de Dieu, d'Allah ou de Bouddha ou de tout autre nom exprimant la même chose qu'une domination s'est créée.

Le mot “domination” est utilisé pour marquer la résultante de ce que le mot “Religion” a été dévié par des hommes dont les sentiments étaient mus par un désir et un orgueil de puissance au détriment de leurs semblables.

Que l’Homme se soit fixé une ligne de conduite ou une philosophie naturelle de vie, quoi de plus naturel !

Là se trouve le vrai sens primaire. du mot “Religion”.

Que des constatations aient été faites par des intelligences plus grandes ou plus clairvoyantes que d’autres, comme le lever et le coucher du soleil, le cycle lunaire, les Constellations, etc., quoi de plus naturel.

Mais au nom de quel droit ou de quel principe, certains ont-ils voulu imposer à d’autres ce qu’ils croyaient être plus juste à leurs yeux ou instaurer un mode de vie, une conception ou une articulation de la Société, qui, dans la plupart des cas, sont contraires au système naturel de tout ce qui gravite autour de la Terre, du Soleil ou de la gravitation de la Terre elle-même dans tout un système appelé Cosmos.

Des Religions sont nées, des Philosophies se sont développées, des Sectes se sont créées, des mouvements politiques se sont implantés.

Il y avait une réponse à un besoin ou peut-être création de ce besoin.

L’Hommc, cn effet, dans sa difficulté de s’assumer, a ressenti la nécessité d’être guidé, dirigé, conditionné.

C’est dans la fuite devant l’effort intellectuel de recherche que la majorité a renoncé et a préféré adopter une attitude de moutons qui avancent ou qui suivent sans trop savoir pourquoi.

Ceux qui se sont imposés, ce sont des hommes doués d’un esprit plus développé et d’une force de caractère plus grande.

Ils sont devenus des guides.

Il y a de bons guides et de mauvais guides.

La prise en charge, la plus large possible, de l’Etre Humain par d’autres débouchent inexorablement sur le maintien d’un certain état d’ignorance ou de fausse connaissance.

Ainsi, est-il facile d'éviter la compréhension du pourquoi et du comment des choses, de dévier les résultats de la pensée et de l'annihiler.

La reconnaissance du Libre Arbitre gène fortement et, pour beaucoup, ne peut être compatible avec les idées ou les slogans qu'ils veulent inculquer et imposer.

Au risque de décevoir le lecteur par un excès, voulu d'ailleurs, d'idées qui peuvent être assimilées à de l'anarchie ou à de la révolution, je vous citerai l'un ou l'autre des très nombreux exemples dont l'Histoire fourmille.

L'excès de puissance a détruit des civilisations luxuriantes.

Voyez les Pharaons.

Voyez la décadence de Rome, après son intolérance outrageante envers les Chrétiens.

Avez-vous oublié la période de l'Inquisition où il n'y avait de vrai que la Religion catholique, celle de Rome, celle du Pape.

Plus près de nous, la furia nazie contre les Juifs.

Et aujourd'hui : les Catholiques et les Protestants d'Irlande.
les Juifs, les Islamiques, les Chiites, les Catholiques du Moyen Orient.
Ceux qui parlent des langues différentes dans un même pays.

Que d'intolérance !

Que de déformations dans ce que les Anciens, les Sages ont voulu nous transmettre.

Quelle importance que ces Sages soient Egyptiens, Grecs, Romains, Chinois, Indous, Chrétiens ou Musulmans!

Ces Sages ont voulu nous enseigner que tout doit concourir à l'épanouissement de l'Etre Humain.

Toute vie vivable d'un être vivant doit être respectée en vertu de la richesse qu'elle représente.

Tout acte délibéré de suppression de cette vie ou de son altération volontaire est un acte contre nature.

L'Humanité toute entière doit en être révoltée et les rendre inexécutables.

Or, qu'est-ce qu'un acte ?

Les Anciens nous ont enseigné que tout Etre, en tant que puissance énergétique et cosmique, tend à poser un acte.

Cette liaison énergie ou puissance-acte est naturelle et, pour son devenir, en particulier, l'Etre Humain est constamment dépendant de cette liaison pour croître, s'accomplir, accomplir son destin et atteindre son épanouissement.

Ce sont les vertus classées en dianoétiques, c'est à dire celles qui sont le fruit de la pensée, de l'imagination, du raisonnement tout à la fois, et en éthiques, c'est à dire celles qui concernent la conduite de vie et qui servent de clés de voûte à l'édifice humain.

Il y a nécessité inébranlable et inéluctable de recherche d'

- harmonie aussi bien en actes, en paroles, en pensées et en écrits,
- harmonie entre le corps et l'esprit,
- harmonie entre la manière de vivre et l'environnement naturel,
- harmonie entre ce que représente le Microcosme (l'Homme) et le Marcrocosme (l'Univers).

Rappelez-vous ce que Hermès Trismégiste a dit : " Ce qui est en bas est comme ce qui est en haut".

Or, depuis des millénaires, le Cosmos ou l'Univers cosmique et ce qui le compose existent, vivent dans une relative symbiose harmonieuse.

Ce Cosmos est une richesse incommensurable.

Il est source de vie et d'énergie.

Le détruire serait détruire notre source de vie.

Je vous l'ai dit, toute vie est source de richesse et celle de l'Homme en particulier.

Reprenant l'idée de Trismégiste : détruire l'Homme, c'est détruire la Vie.

Certains ont donné un nom spécifique au Cosmos Générateur de Vie.

Les uns l'ont appelé Dieu, d'autres Allah, Bouddha, d'autres parlent de Nirvana.

Alors, je vous le dis : Dieu, Allah, Bouddha est en tout Homme et est tout Homme.

Les hommes qui se détruisent, détruisent l'environnement naturel. Tout en détruisant les autres, ils détruisent ce en quoi ils ont mis leur foi, ce en quoi ils croient.

Ils oublient qu'en détruisant leurs semblables, ils détruisent leur dieu, Dieu, Allah, Bouddha.

Quelle différence y-a-t-il entre un Blanc, un Noir, un Rouge, un Jaune, entre un Catholique, un Protestant, un Orthodoxe, un Islamien, un Juif, un Indou, etc. ???

Aucune, sauf la couleur de la peau. C'est vraiment peu de chose.

Au travers de leur religion, de leur dieu, qu'ils dénomment d'une autre manière, ils ne font que référence à un même point : le Cosmos, source de vie et d'énergie.

Etre en harmonie avec le Cosmos, c'est être en harmonie avec soi-même et avec les autres.

Pour ce faire, il faut se débarasser de principes rigides, de dogmes inexpliqués, de tabous, de cartésianisme et de fanatisme aveugles et aveuglant.

Il faut oublier tout ce qui conditionne notre manière de vivre, de penser, d'agir, de vivre, en acceptant les autres tels qu'ils sont, quelles que soient leur race, leur religion, leur philosophie, leur manière de vivre ou de penser.

Toute disharmonie entraîne une disfonction.

Toute disfonction est une agression contre l'ordre naturel des choses.

Si vous vous mettez en colère, vous augmentez votre taux d'adrénaline, votre pression sanguine s'accroît, votre pouls s'accélère, vous perturbez votre système nerveux.

Conséquences : brûlures d'estomac, ulcère, attaque cérébrale, etc. De plus, le cancer, ce dérèglement du renouvellement constant de nos cellules, devenant une prolifération anarchique, vient très facilement frappé à votre porte.

Toute contrariété ou tout choc émotionnel engendre les mêmes conséquences.

Notre force énergétique a besoin de vivre en équilibre.

Comment trouver cet équilibre, si on est trop téméraire ou trop peureux ?

La tempérance n'est-elle pas le trait d'union entre la débauche et l'abstinence ?

La libéralité n'est-elle pas le juste milieu entre la prodigalité et l'avarice ?

Ce ne sont là que des citations exemplatives.

Alors comment être capable de développer une vie harmonieuse si on ne peut être à l'écoute de ce qui nous entoure naturellement, le chant des oiseaux, le bruissement des feuilles, le clapotis de l'eau, etc.!

Malheureusement, cet environnement est combien perturbé par le bruit, une voiture, un sifflet, une sirène, un avion, une "tondeuse à gazon volante", sans compter la tondeuse à gazon du week-end.

Développer une vie harmonieuse, c'est être à l'écoute des autres et respecter les autres.

Respecter les autres, c'est se respecter soi, c'est respecter la Création, c'est respecter Dieu ou son dieu, enfin, c'est respecter ce qui nous a été donné pour permettre de vivre, c'est à dire le Cosmos.

Ecouter, entendre, observer, converser sont à la base de toute communication.

Il n'y a de pire solitude que celle qui est vécue parce que on n'aime pas, en commençant par ne pas s'aimer soi-même, parce que on ne prend pas la peine de laisser libre cours à sa perception, parce que on est devenu insensible aux chants des oiseaux ou à la nature, à une belle oeuvre musicale, au message d'un bon livre.

Je me souviens, lors d'une conférence que je donnais, qu'une dame me rétorquait qu'elle était incommodée et irritée par le chant matinal des oiseaux. Quelle tristesse !

En résumé, la solitude vous envahit à partir du moment où on ne prête plus intérêt à tout ce qui nous entoure, à tout ce qui parle ou émet des sons ou encore émet des radiations ou ondes.

La plupart d'entre nous ne sont malheureusement plus à même de percevoir parce qu'ils ont perdu toute sensibilité ou intuition.

Tout être, tout objet vivant ou mort émet des radiations ou des ondes.

C'est la compatibilité des ondes entre elles qui crée un état harmonique.

Le professeur König de l'université de Münich n'a-t-il pas, en 1970, constaté que les caractéristiques des mêmes ondes que celles émises dans le Cosmos se retrouvent dans les tracés encéphalographiques de celles émises par le cerveau humain.

A partir de là, les scientifiques ont-ils encore le droit de se cabrer et de rire de ceux qui font confiance à leur intuition ou qui sont sensibles à des perceptions extra-sensorielles.

La métaphysique et la métapsychique n'apportent sans doute pas toujours des explications, encore que la métaphysique en apportent davantage que la métapsychique.

Mais la part d'irrationnel est tellement importante que la réfuter est une conséquence directe du raisonnement.

Ne vivre que de raisonnement est atroce.

Ce serait, comme l'écrit Oswald Wirth, adopter l'attitude d'une brute intelligente.

Rejeter l'intuition, n'est-ce pas rejeter les découvertes des grands savants qui ont mené leurs recherches sur des bases raisonnées, mais qui, à un moment donné, se sont laissé aller à poser un acte ou à développer une idée sans qu'ils aient été capables d'en trouver une explication à l'instant même.

Si tout était aussi raisonnable ou mathématique comme certains le croient, tout, absolument tout, devrait se trouver une explication et aurait dû être découvert selon une logique implacable!

Quel homme d'affaires oserait affirmer qu'il n'a jamais été mû par quelque chose d'irraisonné, quelque chose qui a provoqué un déclic, le menant à prendre une décision aux conséquences bénéfiques.?

Le patron de Citoën disait un jour:"Il y en a qui sont plus voyant que d'autres..."

Un proverbe dit: " Pour bien connaître les autres, connais-toi toi- même".

Bouddha disait que l'ignorance est le plus grand des maux.

Quand l'Etre Humain, les Hommes se rendront-ils compte qu'aussi longtemps qu'ils seront ignorants des autres, ils seront ignorants d'eux-même.

La disharmonie conflictuelle restera maître de leur existence entraînant des situations perturbatrices, destructrices et chaotiques.

L'Homme doit se mettre en harmonie avec le Cosmos, disait Dante.

Le Cosmos était supposé, à un moment donné, être régi par le dieu égyptien Thot, maître du temps et de l'univers.

Ce sont les Initiés d'Egypte, en fait les intellectuels de l'époque, qui ont perçu les lois de la vie en harmonie avec le Cosmos.

La plupart des initiés de l'époque étaient des Grands- Prêtres, ils savaient ou possédaient le pouvoir. Dommage que certains esprits déviationnistes ont fait en sorte d'en tirer profit et honneur personnel.

Ce sont ces Egyptiens, ces Chinois, ces Mayas qui ont découvert la relation des nombres et de l'univers.

Le plus grand témoignage qu'ils ont laissé de leurs grandes connaissances, ce sont les pyramides.

Les nombres PHI et PI se retrouvent dans les calculs des pyramides tout comme la circonférence du globe, le nombre de jours de l'année calendrier, les cycles solaires et lunaires, le temps de passage des astres et bien d'autres.

De nombreux ouvrages l'ont expliqué.

PYTHAGORE : CHRIST OU COMMUNISTE.

VIe siècle avant Jésus-Christ. Un grand personnage.

Vous vous souvenez de vos tables de multiplication?

Vous vous souvenez du théorème: dans un triangle rectangle, le carré de l'hypoténuse est égal à la somme des carrés des deux autres côtés.

C'est Pythagore de Samos.

Cet homme qui fut un grand philosophe et qui croyait en la métempsychose, ce qui n'est autre que la réincarnation chère au spiritisme d'Allan Kardec.

Pythagore fut un grand voyageur. Ce qui est un témoignage d'une ouverture d'esprit.

Il séjourne en Egypte assez longtemps, il va à Memphis, Babylone pour s'établir à Crotonne en Italie. Il fut chassé d'Egypte.

Partout où il passa, son intelligence fit merveille.

Des mages babylonniens l'initièrent à leurs connaissances.

Pythagore fut le Christ avant son temps car son enseignement était basé sur l'amour et la charité.

La communauté urbaine qu'il développa autour de lui en parfaite harmonie, prit une importance si grande, qu'aux yeux des Grands-Prêtres, elle devenait dangereuse, non pas pour les autres, mais pour eux-même et leur prestige.

Certains de leurs principes revêtaient une grande valeur.

Il n'est pas moins vrai qu'un certain décorum, une certaine prétention les déviaient du fondement même de leur religion.

On peut ainsi se poser la question où étaient les vrais Prêtres, les purs, les sincères et les charlatans!

Pythagore ne peut être qualifié de s'être adonné à une forme quelconque de charlatanisme et à une recherche de profit.

La contemplation du rythme du Cosmos , était pour lui une source de bonheur.

Cette source de bonheur, il la transmit autour de lui et nous l'a léguée.

N'en déplaise à certains, Pythagore fut un vrai communiste avant la lettre.

L'esprit communautaire dominait chez lui dans ses actes et dans ses propos.

Dans son Discours Sacré, Pythagore écrit :

" Les nombres révèlent et détiennent le secret de l'Univers.

Ils sont le langage des dieux ainsi que la matière de la forme et de l'idée.

De même que les constellations sont des nombres qui reçoivent une interprétation figurée, les objets et les êtres sont des figures qui peuvent recevoir une interprétation numérique.

Tout est arrangé d'après les nombres".

Dans les mots "Univers" et "Cosmos", créés par Pythagore, on retrouve le fondement de sa pensée :

Univers : vers UN ou cause initiale.

Cosmos : monde harmonieusement ordonné.

Sous Salomon, l'harmonie géométrique se développe sur base de calculs et de valeurs. Ce fut la naissance de cette grandiose architecture qui se traduisit dans l'érection de Temples et Palais majestueux.

Or, Salomon, ce sont près de dix siècles avant Jésus-Christ !

Euclide et Platon ne furent pas non plus étrangers à la philosophie des nombres.

Les Croisés et les Templiers auraient ramené en Occident ces connaissances extraordinaires.

Les Confréries de Compagnonnages, les Maçons ou Francs-maçons les auraient développés. Ce serait encore les Francs-maçons qui seraient le plus proche des idées pythagoriciennes en ayant pour devise "La Fraternité Universelle".

C'est une forme de communisme. Tout au moins au début.

Actuellement, les hommes étant ce qu'ils sont, la Franc-maçonnerie reste fermée. Peut-être sont-ce encore des réminiscences des virulentes attaques dont elle fut l'objet de la part du Catholicisme?

Or, ici aussi, on en est arrivé à une espèce de circuit fermé, de choses cachées, de rites qui peuvent être douteux, de domination, etc.

Aivanhov a repris cette idée de Fraternité Universelle, mais il parle lui de Fraternité blanche universelle.

Pourquoi blanche ? Cela veut-il dire que les hommes de couleur en sont exclus? Non sans doute.

C'est symbolique. C'est la blancheur de l'esprit.

Comme quoi, l'usage des mots peut donner naissance à des interprétations qui peuvent être erronées.

Ce qui peut être choquant dans ces appellations, c'est qu'elles peuvent avoir en filigrane une coloration de secte où le libre arbitre de l'Homme ne serait pas respecté.

Si quelqu'un désire adhérer à une philosophie ou à un mode de vie, il doit être totalement exclu qu'il y aient des obligations, des rites, des actes draconiens qui soient imposés.

Car imposés de quel droit? Ce ne sont alors que des choses créées par des hommes pour en avoir d'autres sous tutelle.

L'Homme doit se sentir en harmonie avec les autres et avec lui-même. Toute chose qui lui serait demandée au nom de cette philosophie, qui se voudrait universelle et qui créerait un état de disharmonie, doit être proscrite.

Si elle est maintenue, ce serait l'essence même d'une philosophie se voulant universelle qui se remettrait en cause et se détruirait par elle-même.

C'est le principe même de la libre obéissance ou de la libre obédience.

Que les Philosophes ou les Philosophies fassent des recommandations, des suggestions, donnent des idées et des méthodes pour parvenir au plein épanouissement de l'Homme, quoi de plus normal et de plus humain.

C'est leur fondement même.

Mais que le respect de la personnalité de cet Etre Humain et que son libre arbitre en soient les tout premiers principes et soient considérés comme un Devoir envers soi et envers les autres.

Si Dieu s'est fait homme, l'Homme c'est Dieu !

Respectons-nous, respectons les autres, la nature, l'environnement.

L'anarchie, disait Pythagore, est le plus grand des maux.

Les théories de Pythagore furent reprises par Saint Clément d'Alexandrie, Saint Augustin, Saint Benoît et ses bénédictins.

L'évêque d'Hippone déclara que "l'intelligence des nombres permet d'entendre bien des passages de l'Ecriture".

Descartes prit la philosophie de Pythagore pour base de son Traité de Géométrie.

PENTACLE DE SANTE DE PYTHAGORE

LA KABBALE ET LES NOMBRES

Environ deux siècles avant Jésus-Christ, la Bible juive, appelée Pentateuque, inspira une importante philosophie.

On retrouve déjà dans le mot Pentateuque la racine "Penta" ou l'idée de cinq, ou encore du tout.

Le Créateur ne fait qu'un avec la Création.

La Création est un mode d'expression visible, tangible.

Le Créateur représente l'universalité, un dieu, Dieu, Jehovah, Elohim. Le Cosmos apparaît sans limite.

C'est le principe fondamental de la Kabbale, philosophie ou doctrine ésotérique juive.

Cette doctrine est reprise dans le Sepher-Zohar ou le Livre des Splendeurs.

L'alphabet hébraïque comporte vingt-deux lettres fondamentales et cinq lettres finales ou de terminaison.

Il n'y a pas de nombres ni de chiffres.

D'après Jean Bardet, dans son livre "Les Clefs de la Recherche Fondamentale", la numération aussi rationnelle que simple est dans ce qu'il appelle "l'Alephbeth".

Le nombre du rang de la lettre lui est donné et l'ordre de cet Alephbeth se présente comme suit :

hAleph = hA = I	Yod: Y = I0	Qof = Q = I9
Beth = B = 2	Kaf = K = II	Resh = R = 20
Ghimmel = G = 3	Lamed = L = I2	Shin = Sh = Ch = 2I
Daleth = D = 4	Mem = M= I3	Thaw = Th = 22

He = H = 5	Noun = N = I4	K final = K = 23
Waw = W = 6	Ssamek = Ss = I5	M final = M = 24
Zaïn = Z = 7	chAyn = chA = I6	N final = N = 25
cHeth = cH = 8	Phe = Ph = I7	Ph fiùal = Ph = 26
Tet = T = 9	Tse = Ts = I8	Ts final = Ts = 27

Certains kabbalistes n'ont pas respecté cet ordre fondamental.

Ils ont donné une autre valeur aux lettres des colonnes 2 et 3.

Ont-ils voulu apporter une forme de magie ou bien tout simplement ont-ils voulu rebâtir une arithmétique?

Yod = Y = I0	Qof = Q = 100
Kaf = K = 20	Resh = R = 200
Lamed = L = 30	Shin = Sh = 300
Mem = M = 40	Thaw = Th = 400
Noun = N = 50	K final = K = 500
Ssamek = Ss = 60	M final = M = 600
chAyn = chA = 70	N final = N = 700
Phe = Ph = 80	Ph final = Ph = 800
Tse = Ts = 90	Ts final = Ts = 900

hAL est le plus petit mot pour exprimer l'idée de Dieu, du Divin. Il est représenté par le nombre 13, hA (1) + L (12) = 13.

Un (1) s'exprime en langue hébraïque par hAcHD soit
hA (1) + cH (8) + D (4) = 13.

Le mot "Amour" s'exprime hAHBH soit
hA (1) + N (5) + B (2) + H (5) = 13.

En faisant la somme théosophique de 13, c'est à dire 1+ 3, nous obtenons 4 pour résultat.

4 est le quatrième chiffre.

Par l'addition des quatre premiers chiffres : 1 + 2 + 3 + 4, nous obtenons 10 pour résultat, ce qui donne en somme théosophique 1 + 0 = 1.

Ainsi ne revenons-nous pas à Un.

Ces quatre chiffres sont en relation avec les quatre lettres correspondantes.

1 = hAlef =	la source de Vie l'Inconnaissable. Connaît-on le Soleil? l'Impalpable. Peut-on toucher le Soleil? la Puissance universelle. Le Soleil.
2 = Beth =	reflet ou ombre de la Puissance Universelle n'est-ce pas la Lune qui reflète la lumière du Soleil dans les ténèbres de la nuit?
3 = Ghimmel =	la Connaissance la Recherche du fondement ou d'explications la Compréhension des deux éléments précédents, hAlef et Beth.
4 = Daleth =	la Synthèse de l'évolution spirituelle et intellectuelle engendre une forme d'auto-fécondation se traduisant dans un plan matériel et d'une manière matérielle.

Quatre, ce sont les quatre éléments : le Feu, l'Eau, l'Air, la Terre.

Le Feu	=	le Soleil, la Chaleur, l'Energie.
L'Eau	=	la Lune, magnétisme, humidité.
L'Air	=	Mercure, la parole, la communication.
La Terre	=	Mars, C'est l'aridité, le Feu, le Froid, la nourriture.

L'Etre Humain est constitué de quatre parties importantes: la tête, le tronc, les membres et les instruments de préhension, les mains et les pieds.

La tête possède quatre éléments externes, les yeux, le nez, la bouche et les oreilles.

La machine chimio-magnéto-électrico-organique de l'Homme

possède quatre éléments vitaux et essentiels, immuables, le coeur, les poumons, le foie, les reins.

Sans eux, pas de vie possible.

Il y a quatre nombres impairs qui sont universellement premiers.

Ce sont 1, 3, 5 et 7.

Par contre d'autres nombres premiers comme 11, 13, 17, I9, etc. peuvent être ramenés par somme théosophique à un nombre d'un chiffre :

11 = 1 + 1 = 2
13 = 1 + 3 = 4
17 = 1 + 7 = 8
19 = 1 = 9 = 10 ou 1 + 0 = 1

2, 4, 8 etc sont l'amorce du système binaire.

2 est un instrument de liaison, un intermédiaire.

Nous constatons, en effet, une itération de 2 entre les quatre nombres premiers impairs,

1 et 3, 3 et 5, 5 et 7.

Pour ces quatre nombres il y a donc un ternaire de 2 soit 2 x 3.

Ce ternaire 2 2 2 ou 2 x 3, si on le soustrait par groupe de 2, donne un binaire constitué de deux 0.

2 - 2 - 2
  0   0
0 + 0 = 0

Mais 0 x 0 = 1, car nul ne peut contester que 0 : 0 = 1

Ainsi, du néant part une combinaison de quelque chose.

Mais le néant existe-t-il?

Ou au contraire, la binarité ou la bipolarité ne se reflète-t-elle pas en tout?

$0^+ + 0^- =$ donne quelque chose.
Le courant électrique par exemple.

$0^+ + 0^+ = 1$

$0^- + 0^- = 1$

Reprenons les quatre premiers nombres impairs et additionnons les: 1 + 3 = 4
1 + 5 = 6
1 + 7 = 8

Entre 4, 6 et 8, il y a un pas de 2.

3 + 5 = 8
3 + 7 = 10
5 + 7 = 12
1 + 3 + 5 = 9
1 + 3 + 7 = 11

Chaque fois, nous retrouvons l'itération de 2.

Ce nombre 2 est le principe binaire, du Yang et du Yin, du Pôle + et du Pôle -, du Nord et du Sud, du Jour et de la Nuit.

Donc, la démonstration du principe de binarité ou de bipolarité.

Pour donner la vie à 1, il faut être deux.

Il faut qu'il y ait rencontre de deux cellules complémentaires 0^+ et 0^-.

Un 1 + un 2 = 3 ou la naissance d'un troisième devenant lui-même un nouvel 1.

Nous avons vu que la combinaison des nombres impairs premiers et du 2 nous conduisaient à 1, 2, 3, 4, 5, 6, 7, 8, 9, 10, 11, 12.

En faisant la somme de ces douze nombres, le résultat en est un treizième très particulier.

1 + 2 + 3 + 4 + 5 + 6 + 7 + 8 + 9 + 10 + 11 + 12 = 78.

La somme théosophique de 78 est 7 + 8 = 15 ou 1 + 5 = 6.

En divisant 78 par 6, nous obtenons 13 qui est un nombre divin, un nombre d'Amour.

C'est aussi le retour vers la racine sacrée 1 par 1 + 3 = 4.

Ce qui est extraordinaire dans cette suite de douze nombres, c'est que nous retrouvons trois groupes de deux dont dépendent des troisièmes :

1 + 2 = 3
3 + 4 = 7
7 + 5 = 12
5 + 6 = 11
Nouvelle constatation : 3 + 7 + 12 = 22, les 22 lettres de base de l'alphabet hébraïque, les 22 arcanes majeurs du Tarot.

Ecartons-nous quelque peu de l'analyse des nombres et voyons ce que peut nous apprendre l'inscription de la croix du Christ.

I N R I ou, comme les Hébreux en auraient été initiés par les Grands-Prêtres égyptiens (Moïse ne fut-il pas élevé à la Cour des Pharaons!), une similitude avec Y H W H (sens de notre lecture) mais qui s'écrit en hébreu H W H Y.

La valeur de ce nom est 5 + 6 + 5 + 10 = 26 ou 2 x 13 soit deux fois le retour vers Un.
Si nous écrivons W H Y, nous avons 6 + 5 + 10 = 21 ou 2 + 1 = 3.

Nous pouvons y trouver l'idée de trilogie :
Père - Fils - Esprit
Pneuma - Psyché - Soma
Esprit - Ame - Corps

En Hébreu, le Divin se représente par Y H W H, au féminin, et, au masculin. par hA L Y M, valant respectivement 26 et 52, soit au total des deux : 78.

Or, nous avons vu que par Amour (le 6), nous obtenions par division de 78, la résultante 13, soit 4 ou la racine sacrée 1, soit la création.

Une anecdote signalée par J.J. Bardet et qui est, en fait, une remarquable constatation. c'est que la Vierge de Fatima serait apparue 6 fois un 13 du mois.
Est-ce de la coïncidence ou une immense preuve d'Amour ?

Toute manifestation du divin, du sacré ou de Dieu se retrouve dans 1, 13 et 78. Ce sont donc trois nombres sacrés.

Sans Amour, il n'y a pas de divin ou de Dieu.

" Je suis (et) (mon) nom (est) amour "

H A Y H	Sh M y	H A B H
21	44	13

21 + 44 + 13 = 78 ou les 78 arcanes du Tarot.

Dans la Kabbale, les nombres sont appelés Sephira ou Sephiroth. Les neuf premiers nombres constituent trois ternaires :

le premier se rapporte à la Pensée,

Aleph = 1 = Couronne - Je suis
Beth = 2 = Pensée créatrice, sagesse, raison supérieure
Ghimmel = 3 = Intelligence, compréhension, synthèse

le deuxième ternaire a trait à l'Ame,

Daleth = 4 = Grâce, grandeur, magnificence,
He = 5 = Jugement, sagesse, sévérité
Waw = 6 = Beauté, coeur, sentiments

le troisième ternaire relève de la dynamique,

Zaïn = 7 = Victoire, triomphe, mouvements, progrès,
Heth = 8 = Equilibre, ordre, loi immuable,
Teth = 9 = Base, fondement, recherche.

Dans ces trois ternaires, l'Univers, le Divin et l'Homme y trouvent leur forme d'expression.

D'abord, l'expression de soi-même :

Créativité - But - Esprit
Verbe - Action - Ame
Création - Conséquence - Corps.

Et dans toute chose, trois idées de base sont pratiquement toujours trouvées :

Esprit = Pensée - Sujet - Motif ou cause
Ame = Vie - Verbe (expression) - Acte (manifestation)
Corps = Action - Objet - Effet.

Pour montrer l'importance de I'Amour ou du Divin, dont 3 en est une résultante puisque 1 + 2 = 3, (voir page précédente) nous analyserons les 22 lettres principales de l'Alephbeth et principalement leur valeur respective.

Dans ce groupe des 22, 21 forment 7 sous-groupes de 3.

Or, 21, c'est Shin ou encore le Monde dans le Tarot, l'apothéose.

Par contre la 22e lettre se détache.

Et pour bien comprendre qu'il y a encore un retour vers 1, nous additionnerons théosophiquement 22 en 2 + 2 = 4 donc 1

symbolise la racine sacrée, comme nous l'avons vu précédemment.

Les 7 groupes de 3 sont Amour car la résultante est 6 :

1 + 2 + 3 = 6
4 + 5 + 6 = 15 ou 1 + 5 = 6
7 + 8 + 9 = 24 ou 2 + 4 = 6
10 + 11 + 12 = 33 ou 3 + 3 = 6
13 + 14 + 15 = 42 ou 4 + 2 = 6
16 + 17 + 18 = 51 ou 5 + 1 = 6
19 + 20 + 21 = 60 ou 6 + 0 = 6

Et 22 ?

C'est le retour vers 1. N'est-ce pas la symbolique du"Mat" du Tarot?

Nous pouvons donc ainsi dire que trois nombres sont maîtres, 1, 3 et 6.

1 = UNIVERS (Vers Un)
3 = TRINITE
6 = AMOUR

Pythagore attachait une grande importance au nombre 7.

1 + 6 = 7 Univers + Amour
3 + 4 = 7 Trinité + Racine sacrée
2 + 5 = 7 Lien de liaison entre 1 et 3 + Sagesse ou Jugement.

Dans son livre “La Vie extraordinaire de Pythagore", Albert Slosman, ce grand égyptologue trop tôt disparu, nous parle des “Huit’, des “Dix”, des “Douze” et des “Treize” Souffles en suspension dans l’atmosphère.

Les “Huit” sont une retransmission de la connaissance, (2x4), la réalisation dans un but harmonieux et harmonique.
Ces ‘Huit” dépendent des “Douze”.
Or, ces “Douze”, ce sont les douze constellations, les 12 signes zodiacaux de Denderáh.
Le tout est mu par les “Treize”.
13, nous l’avons vu, c’est le retour vers Un par amour.

Un, c’est Dieu ou le Cosmos qui est le bras agissant sur les nouvelles Parcelles divines ou 12 Souffles et leurs Produits.

A son lever, chaque jour, le Soleil rappelle constamment aux Etres humains leur faiblesse devant le non respect des Commandements divins.

Albert Slosman ajoute “ les chiffres de l’Homme sont néfastes car ils permettent toutes les interprétations. Seuls les nombres divins ont un intérêt évident car ils permettent de se conduire en dieu ou Dieu “.

Or, l’Homme est la représentation de Dieu ou de l’harmonie cosmique.
Déséquilibrer cette harmonie, c’est déséquilibrer le monde et se déséquilibrer soi-même.
“Le nombre est la force divine souveraine, utilisée pour maintenir l’équilibre permanent de l’Univers”.

Par ailleurs, lorsqu’il parle des “errantes”, Albert Slosman déclare que la semaine journalière que nous connaissons en dépend, en relation directe avec le “Souffle des Douze”.

Et que sont ces “errantes”.

Les sept planètes fondamentales : Soleil, Lune, Mercure, Vénus, Mars, Jupiter et Saturne.

PARTICULARITES DE QUELQUES NOMBRES

Nous empruntons certaines données sur les nombres à Christiane Nemousos, auteur de l'excellent ouvrage d'une grande recherche intitulé "Etude sur les Nombres Occultes".

Les particularités énoncées sont d'ordre philosophique et ne sont ni exhaustives ni limitatives.

1

Nombre sacré.

Unité et origine inconnue et extra-temporelles de l'Etre Humain.

Symbole du début de toute chose.

Couleur blanche, symbole divin ou du Divin, de la Pureté.

L'hydrogène avec un proton et un neutron engendrant les autres éléments sur une base trilogique : énergie - temps - espace.

2

Dualité chez les Egyptiens.

Les deux plans de l'Univers chez les Aztèques; ces plans étaient l'un horizontal et l'autre vertical, dans ce dernier on retrouvait 22 mondes.

Affection et intelligence chez les Bouddhistes.

Soleil et Lune dans le Hatha Yoga.

Le Yin et le Yang, le moins et le plus.

Influence tellurique et influence cosmique ou Satan et Dieu, le Mal et le Bien chez les Chrétiens.

Dualité universelle : force hors du commun par le doublement du 1 dans le 11 et perplexité devant le Néant et l'Eternité dans 20 ou le 2 de 20 est devant le 0.

Les Deux colonnes du Temple de Salomon.
Phase ascendante et phase descendante de la Lune.

3

Chez les Egyptiens : Prospérité - Stabilité - Vie
Chez les Indous : Création - Conservation - Destruction.
Dans le Yoga : Clarté et intelligence - Energie mentale - Energie de l'Intelligence
Père - Fils - Saint Esprit
Illumination - Spiritualité - Humanité.
Conscience sensitive - Conscience essentielle - Conscience universelle.
Thèse - antithèse - synthèse.
Plan divin - plan pythagorique - plan physique.
Lumière - beauté - esprit.
Soufre - sel -mercure.
Intention - volonté - parole.

Dans la route vers la dégénérescence de l'Humanité, on retrouve trois notions et comportements négatifs :

a. ce qui nourrit l'erreur et les errements, c'est l'ignorance et le manque de volonté de communication.
b. l'imposition d'une volonté unique, soit la dictature et le fanatisme, refusant ainsi tout type de communication avec autrui.
c. la recherche immodérée de l'élévation quelle qu'elle soit; elle est nourrie par l'ambition, laquelle mène à l'orgueil, à la prétention.
   Lorsque le tout est doublé d'ignorance, de croire savoir ou connaître, cela débouche sur le plus beau pédantisme; c'est le contre-pied de la moindre forme d'intelligence.

4

La plus ancienne symbolisation de la Terre.
C'est le retour à Un, 1 étant la racine sacrée de 4.
Les Quatre piliers de la sagesse.
Les quatre points cardinaux.
les quatre Karmas du Yoga : pacification - enrichissement magnétisme - destruction.

Les quatre Mantras ou syllabes symboliques =

Siddha : mantras amis procurant les résultats espérés dans un temps donné.

Sâdhya : mantras d'aides momentanées accordées selon son propre mérite.

Sasiddha : mantras à l'intention ou à but défini

Ari ou Ripu : mantras de destruction tout autant que des réussites et des qualités.

Les quatre états d'identification : Vitarka = raison
Vichâra = pensée
Ananda = connaissance
Asmîta = conscience

Les quatres lettres de symbolisation du Christianisme :

I N R I; selon l'Evangile de Saint Jean, la signification en serait "Jesus Nazarenus Rex Judoerum" ou encore " Igne Natura Renovatus Integra"; en hébreu : "Iam Nur Rouach Iabaschah", ce qui se traduit par l'Eau, le Feu, l'Air et la Terre, soit les quatre éléments naturels et essentiels.

Chaleur, clarté, électricité, magnétisme sont les constituants de la Lumière

Les quatre ondes qui influencent l'Homme :

a. Alpha : onde de bien-être et d'harmonie, de relaxation, de concentration propre à toute création.

b. Bêta : onde perturbatrice, déséquilibrante provenant de tout ce qui engendre ou résulte de la colère, du stress, de la tension, des frustrations, etc.

c. Thêta : onde spirituelle, imaginative, créatrice, inventive. Inspirations des idées ou d'actions bénéfiques et source d'énergie reconstituante.

d. Delta : onde de vie, principalement durant le sommeil, de perception, d'équilibre psychique.
Onde qu'on peut engendrer volontairement ou consciemment pour se développer spirituellement ou se détruire par le non contrôle de cette onde, annihilée par les résonnances matérielles et bestiales.

C'est encore le Bâton, la Coupe, l'Epée et les Deniers du Tarot ou le Carreau, le Coeur, le Pique et le Trèfle du simple jeu de cartes.

Ce sont les quatre Evangélistes, Saint Luc, Saint Jean, Saint Mathieu et Saint Paul.

5

Les cinq sens : Ouïe, toucher, vue, goût, odorat.

Les cinq éléments chez les Chinois : Eau, feu, terre, bois, métal

Les cinq Sagesses de l'Univers qui s'y rattachent ainsi que les Etats: Matière, Sensations, Perceptions, Formation mentale et Conscience

Les cinq doigts de la main dont les trois premiers sont les représentants du Bien.

L'épacte grec c'est à dire les cinq jours qu'il faut ajouter au calendrier lunaire pour être semblable à l'année solaire.

La symbolisation du Christ car la Croix représente le centre et les quatre directions

L'étoile à cinq branches.

Aphrodite.

Le carré mystérieux de ROTAS - SATOR représentant la Croix.

Les cinq races humaines.

6

L'hexagramme ou s'imbriquent la représentation de la création matérielle et celle dc la création universelle.

Combinaison de deux triangles inversés formant une étoile à six branches : l'étoile des Juifs, l'étoile de David et le sceau de Salomon.

En 1975, un jeune garçon de 7 ans expliqua cette étoile de la manière suivante : "Le triangle d'en haut, c'est la flamme qui monte: la Vie. Celui qui est en bas, c'est la flamme qui descend dans la matière pour l'animer. La Vie est sans arrêt une montée et une descente d'énergie jusqu'au moment où elle sera autre chose dans un autre temps". (Nostra, n°190 du 26/11/75)

les six couleurs ou les six lumières du Karma chez les Thibétains:

- blanche : DEVA = S = SURA = Dieu
- verte : ASURA = A = Titan
- jaune : NARA = NA = Humain = Homme

- bleue : TRISAN = TRI = Bestialité = Animal = But
- rouge : PRETRA = PRE = Esprit malheureux
- gris fumé : Hung = HUAN = Enfer = Tomber

Les six livres des Etrusques :
- Oracles, prodiges, météorologie, astrologie
- Code sacré ou discipline religieuse
- Doctrines d'apothéose et d'expiation
- Conduite privée, publique, consécrations
- Observations, méthodes d'interprétation
- Toute science spéciale.

7

Les sept jours de la semaine.

Les sept plantes de Saint Jean chez les Druides : Sauge, verveine, thym, primevère, basilic, trèfle, jusquiane.

Les sept Sages chez les Grecs : Bias de Priene, Chilon, Cléobule de Lindos, Périandre de Corinthe, Titacos de Mytilenes, Solon et Thalès de Milet.

Les sept principes bouddhiques de l'Homme :
- matières du corps physique
- principe vital et vie du corps physique
- âme du corps physique
- corps astral, siège des perceptions
- spirituel, inspiration, intuition
- corps spirituel ou essence divine

Les sept facteurs d'éveil :
- attention
- recherche ou investigation religieuse,ou philosophique, conférences, lecture
- énergie pour atteindre son but
- joie
- détente
- concentration
- équanimité ou équilibre, assurance, flegme

Les sept méthodes pour vaincre les obstacles:
- discernement
- contrôle
- moyens et usages
- endurance
- conseils et éviter les embûches
- écarter, décider
- développer

Les sept Chakras : Centre spirituel
Esprit
Elocution
Toucher
Feu
Eau
Terre ou Kundalini

Périodicité de sept années pour le renouvellement des cellules du corps humain.

Les sept notes de musique et les sept formes qu'elles revêtent.

Les sept merveilles du monde dont ne subsistent que les Pyramides, construites 3.000 ans avant J.C., les Jardins suspendus de Babylone construits 600 ans avant J.C., Jupiter Olympien, statue en or et ivoire sculptée par Phidias en 450 avant J.C., le Colosse de Rhodes datant de 280 avant J.C., le Mausolée d'Halicarnasse construit entre 350 et 300 avant J.C., le Temple de Diane d'Ephèse érigé en 450 avant J.C.et le Phare d'Alexandrie élevé en 270 avant J.C.

Les sept planètes des Anciens : Soleil, Lune, Mercure, Vénus, Mars, Jupiter et Saturne qui enveloppaient la Terre.

8

Chez les Bouddhistes, la Sainte Voie des huit :

- le point de vue juste
- les aspirations justes
- la parole juste
- la bonne conduite
- la vie juste
- l'esprit juste

- l'effort juste
- la juste contemplation

Les huit éléments naturels : Eau, montagnes, foudre, feu, vent, terre, nuages, air.

Les huit signes du zodiaque primaires mentionnés par Hérodote en 500 avant J.C., à savoir: Lion, Capricorne, Taureau, Scorpion, Dragon, Grande Ourse.

Une remarque importante s'impose ici.

Nous ne voyons pas de mention du signe des Poissons. Or, l'emblème de la Chrétienté est symbolisé par les Poissons.

Le Christ est né nous dit-on un 25 décembre.

Ce nombre 25 est une double symbolique : 25 = 2 + 5 = 7, avec le douzième mois : 12 = 1 + 2 = 3.

Une troisième symbolique vient de ces deux résultats 7 + 3 = 10 ou 1 + 0 = 1. Nous avons vu la signification de ces nombres.

Si l'emblème de la Chrétienté est les Poissons, pourquoi le 25 décembre, signe du Capricorne, régi par Saturne?

Le Capricorne ne serait-il pas la constellation des Poissons?

Albert Slosman écrit dans son livre "Le Grand Cataclysme"que la Terre aurait basculé en 9792 avant J.C.; elle aurait vu passer le Soleil, en un jour, de IO° Sagittaire à 2I° Verseau.

Le Soleil est fixe, c'est donc la Terre qui a basculé.

Ainsi, le Capricorne étant les Poissons, l'emblème de la Chrétienté concorderait avec la date que nous connaissons.

A chacun la recherche de la vérité, s'il est possible de la pénétrer!

Les huit suppliques de Saint François d'Assise, associant positivisme et négativisme :

- positivisme :	amour	- négativisme :	haine
	pardon		offense
	union		discorde
	vérité		erreur
	foi		doute
	espérance		désespoir
	lumière		ténèbres
	joie		tristesse

Les huit éléments fondamentaux : 4 primaires - 4 complémentaires

- primaires :	carbone	- complémentaires :	phosphore
	hydrogène		soufre
	oxygène		magnésium
	azote		fer

9

Les neuf Supérieurs Inconnus du Bouddhisme dont l'origine se situerait au IIIe siècle avant J.C.

Les Neuf Inconnus auraient consigné des Sciences en neuf livres:

- Technique de propagande et contrôle psychologique des foules.
- Physiologie d'où émaneraient Judo,Karaté etc.
- Microbiologie.
- Les métaux et leurs transmutations.
- Communications terrestre et extraterrestre.
- Gravitation.
- Cosmogonie.
- Lumière.
- Sociologie.

Chiffre de la femme.

Gestation de neuf mois chez l'Homme.

Les neuf phases de la réalisation de monde Cosmique dans le Taoïsme.

Les neuf branches du Yoga.

Les neuf degrés de l'Amour.

Les neuf Sephiroth de la Kabbale.
- Puissance
- Immensité
- Eternité
- Beauté
- Sagesse
- Bonté
- Sainteté
- Justice
- Liberté

Les neuf contrôles du souffle.

Le novenaire ou symbolisation de la résurrection et de l'immortalité.

10

Le denaire de Pythagore:

1. Divinité inamovible et parfaite
2. Dualité de l'Homme, le Bien et le Mal.
3. La trinité :Lumière - Intelligence Verbe.
4. Les éléments : Eau, Feu, Air, Terre et Force, Justice, Révolte, Ambition.
5. Plaisirs et procréation.
6. Epreuves et servitudes.
7. Nombre sacré : Mystère.
8. Justice humaine.
9. Transition entre l'Humain et le Divin.
10. Ensemble de la Création.

Les 10 commandements bibliques repris par l'Eglise.
Les 10 lois du Destin d'après Platon.
Les 10 semaines d'Enoch.
Les dénaires de Kircher, de Martinès de Pasqually, de Wronski.
Les 10 jours de la semaine du calendrier républicain.

11

Les 11 disciples du Christ qui propagèrent sa doctrine.
Les 11 Phases du rituel de la momie chez les Egyptiens.
Le cycle de 11 ans de la périodicité des taches solaires.
Les 11 km par seconde que doit atteindre tout corps pour se libérer de l'attraction terrestre.

12

Les 12 heures du matin et les 12 heures du soir.

Les 12 parties de la Table d'Emeraude d'Hermès Trismégiste dont les textes sont repris du livre de Louis Chocod, intitulé " Histoire de la Magie".

Il est dit que ces textes auraient été trouvés par Hermès Trismégiste dans la grande pyramide de Chéops.

Voici ces textes :

" 1. Ceci est vrai, sans mensonge, certain et très véritable.
2. Ce qui est en haut est comme ce qui est en bas pour faire miracle d'une seule chose.

3. Et comme toutes choses ont été et sont venues de l'unité, ainsi toutes choses sont nées dans l'unité par adaptation.
4. Le soleil est son Père, la lune est sa Mère. Le vent l'a porté dans son ventre et la Terre est sa nourrice.
5. Le Père de tous les êtres, le mystère accompli (Le Thélème) du monde entier est ici; mais sa force est entière si elle est convertie en terre.
6. Tu sépareras la Terre du Feu ; le Subtil de l'Epais, doucement et avec industrie.
7. Il monte de la Terre vers le ciel; et derechef, il descend en Terre et il reçoit la force des choses supérieures et inférieures.
8. Tu auras, par ce moyen, toute gloire du monde, et toute obscurité s'éloignera de toi.
9. C'est la force forte de toute force car elle vaincra toute chose et pénétrera toute chose solide.
10. Ainsi, fut créé le monde.
11. De ceci, sortiront d'innombrables adaptations dont le moyen est ici.
12. C'est pourquoi j 'ai été appelé Trismégiste, ayant les trois parties de la philosophie du Monde. Ce que j'ai dit de l'opération du Soleil est accompli et parachevé."

Les 12 travaux d'Hercule.
Les 12 signes du zodiaque, les 12 maisons.
Lcs 12 animaux du zodiaque bouddhique et le calendrier thibétain.
Les 12 commandements de Moïse.
Les 12 parties du corps selon la gnose du grec Marcos.

13

Ce serait selon Cornélius Aggrippa, le 13e jour avant la naissance du Christ, qu'une étoile, appelée Etoile des Mages serait apparue dans le ciel.

Nombre de base du calendrier des Mayas.

13e mois du calendrier des Chaldéens.

Les 13 articles de la foi de Mamonide, Alchimiste, médecin, théologien, et philosophe juif catalan.

" - Dieu a créé et gouverne tout ce qui existe.
- Dieu est un et unique.

- Dieu est esprit et ne peut être représenté par aucune forme Corporelle.
- Dieu n'a pas de commencement et n'aura pas de fin.
- A lui seul nous devons adresser nos prières.
- Toutes les paroles des prophètes sont vérité.
- Moïse a été le plus grand de tout les prophètes.
- La loi, telle que nous la possédons, a été donnée par Dieu à Moïse.
- Cette loi, nul Homme n'a le droit de la remplacer ni de la modifier.
- Dieu connaît toutes les actions et les pensées des hommes
- Dieu récompense ceux qui accomplissent ses commandements et punit ceux qui les transgressent.
- Dieu nous enverra le Messie annoncé par le Prophète.
- Notre âme est immortelle et, à l'heure que Dieu choisira, il rappellera les morts à la vie."

Il y a beaucoup de profondeurs dans cet écrit, mais le pardon semble y faire défaut puisque l'on y parle de punition.

La tolérance ne pourrait-elle y avoir sa place?

Nombre à la fois maléfique ou bénéfique selon les coutumes et certaines traditions.

Nombre de renouveau puisque il présida à la constitution de base des Etats-Unis, nouveau pays, par la réunion des 13 premiers Etats.

14

Age de la puberté.

Nombre de base de cycle chez les Hindous.

Les répétitions de récitations dans le Yoga.

Jours de Lune montante et jours de Lune descendante, les premiers influençant la vie de manière bénéfique, les autres perturbant cette vie.

15

Les 15 degrés du Yoga

Les 15 Maisons en Géomancie

16

Les 16 régions du ciel chez les Etrusques

Les 16 noms sacrés dans l'Hindouisme permettant la libération de l'âme " Haré Râma Haré Râma
Râma Râma Haré Haré
Haré Krishna Haré Krishna
Krishna Krishna Haré Haré"

Valeur sacrée représentant " Celui qui est 16" ou Shodashin.

Les 16 figures en Géomancie.

Cycle de 16 ans en rapport avec le méridien magnétique.

17

Chez les Bouddhistes, " l'unité d'esprit possède une durée de vibrations 17 fois plus vite que l'unité matière."

18

Les 18 premiers Dieux de la Tradition mentionnés par Enoch.

19

Le nombre d'années du cycle de Méton, c'est à dire, selon cet astronome athénien du Ve siècle avant J.C., 19 années comprenant 235 lunaisons plus 1h 28' 38" et 5/1Oe pour être exact.

Cette notion permet de déterminer le Nombre d'Or d'une année quelconque.

Exemple : 1988 = 88 + 1 = 89
89 : 19= 4 reste 13

13 est le Nombre d'Or de l'année 1988

20

Les 20 mois religieux chez les Aztèques.

Les 20 jours du calendrier Mayas ou le Végénaire.

21

21 Mars : jour de l'équinoxe.

Les 21 jours du déluge.

L'âge adulte.

21 Septembre : 1er jour de l'année chez les Juifs, les Incas, les Egyptiens ainsi que des Chinois.

C'est un nombre de commencement après cette date.
Longueur d'onde de l'hydrogène.
Largeur du rayon de zone neutre du réseau Hartmann

22
Les 22 arcanes ou lames du Tarot.

Les 22 lettres fondamentales de l'alphabet hébraïque.
Les 22 nombres mystiques du Bouddhisme.
Les 22 relations du Tétraktys de Pythagore.

Pour terminer ce chapitre sur les particularités de quelques nombres, repris pour la plupart, comme nous l'avons dit, de l'excellent ouvrage de Christiane Nemousos, intitulé "Etude sur les Nombres Occultes " aux Editions Guy Trédaniel, nous donnons deux tableaux de relations avec l'Homme empruntés aux Egyptiens.

Les 22 Règles de la Volonté d'Hermès - Thot :

"1. La Vie, avec ses épreuves innombrables, a pour but, dans l'ordre de la Sagesse éternelle, l'éducation de la Volonté. Ne point vouloir et ne point agir, est aussi funeste à l'Homme que de faire le Mal.
L'Homme doit comme Dieu être sans cesse agissant.
2. C'est par la volonté que l'intelligence voit se dérouler les phases de la vie. Si la volonté est saine, la vie est juste.
3. Affirmer ce qui est vrai, et vouloir ce qui est juste, c'est créer. Affirmer et vouloir le contraire, c'est détruire.
4. Lorsque l'Homme a découvert la Vérité et veut opérer la Justice, rien ne lui résiste.
5. Afin d'affirmer qu'un Homme a été heureux ou malheureux, ou l'est, sachez la direction qu'a suivie sa volonté.
6. Une chaîne de fleurs est plus difficile à briser qu'une chaîne de fer.
7. La volonté de l'Homme juste est la volonté de Dieu, et, à mesure qu'elle se fortifie, elle commande aux événements
8. Les intelligences dont la volonté ne s'équilibre point, sont comme des astres avortés.
9. Acceptez le mal relatif comme un moyen d'arriver au bien absolu , mais ne le veuillez pas ni ne le commettez jamais.

10. Pour acquérir le droit de posséder toujours, il faut vouloir patiemment et longtemps.
11. Bravez le lion et le lion vous craindra.
Sachez commander à la douleur et la douleur se changera en bonheur.
12. Allez au devant de la mort par dévouement, n'est pas un suicide : c'est l'apothéose d'une sublime volonté et la prise de possession de la vie éternelle.
13. Passer sa vie à vouloir des biens périssables, c'est se vouer à l'éternité de la mort.
14. Vouloir le bien avec violence est aussi injuste que vouloir mal. La violence crée le désordre, le désordre est le principe de tout mal.
15. Vouloir le mal, c'est asservir la mort.
Une volonté perverse est un commencement de suicide.
16. Souffrir, c'est travailler.
Toute douleur, acceptée avec obéissance et résignation, est un progrès accompli.
17. Plus la volonté surmonte d'obstacles plus elle grandit en puissance. L'espérance doit donc s'unir sans cesse à la foi.
18. La peur n'est qu'une paresse de la volonté.
Les périls n'épouvantent que les natures avortées.
19. La lumière est un feu électrique, mis par la nature au service de la volonté. Elle éclaire ceux qui savent en user; elle foudroie ceux qui en abusent.
20. Toute volonté qui lutte contre les décrets divins est réprouvée par l'éternelle Raison.
21. Lorsqu'on se crée des fantômes, on enfante des vampires.
Quiconque se livre à l'erreur devient sa proie.
22. L'Empire du Monde n'appartient qu'à l'Empire de la Lumière et l'Empire de la Lumière est le Trône de la Volonté.
Ainsi, à mesure que l'Homme perfectionne sa volonté, il peut arriver à tout voir, c'est à dire tout savoir, dans un cercle infiniment extensible.
Le bonheur est pour lui le fruit de la science du bien et du mal, science figurée par l'arbre central de l'Eden.
Mais Dieu ne permet de cueillir ce fruit qu'à l'Homme assez maître de lui-même pour en approcher sans le convoiter."

Les 22 correspondances entre le corps et les divinités Egyptiennes:

1.	Cheveux	Noun
2.	Visage	Râ
3.	Yeux	Hathor
4.	Oreilles	Oup-Ouat
5.	Lèvres	Anubis
6.	Dents	Seket
7.	Cou	Isis
8.	Bras	Ra-Neb-Deddu ou Osiris
9.	Epaules	Ouadzi
10.	Gorge	Mert
11.	Avant-bras	Neith
12.	Dos	Seth
13.	Corps	Aux maîtres de Kherahu
14.	Chair	Aa-Shef-ir
15.	Ventre	Skhmet
16.	Fesses	L'oeil d'Horus
17.	Phallus	Osiris
18.	Jambes	Nout
19.	Pieds	Ptah
20.	Doigts	Omion-Sahu
21.	Orteils	Uraeus vivant
22.	Etre complet	Toth.

L'ASTROLOGIE ET LES NOMBRES

Un peu d'Histoire.

L'origine de l'astrologie se perd dans la nuit des temps.

Souvent, la période chaldéenne est citée en référence comme origine de l'astrologie mais, selon Jacques Sadoul dans son livre intitulé " L'Enigme du Zodiaque ", cette origine remonterait à environ 28.000 ans ou au cours du 26e millénaire avant le Christ.

Le Zodiaque de Denderah en Haute Egypte daterait du IX ou Xe siècle avant J.C. Le musée du Louvre à Paris en possède d'ailleurs un dessin sculpté.

Selon certains auteurs, chaque signe représenterait une période de 2.160 années soit un total de 25.920 années pour le zodiaque complet.

Ce nombre 25.920 mérite que l'en s'y attarde.

Il serait, selon les Hindous, l'Age d'Or soit un des quatre âges du cycle de la Terre ou encore du cycle Adémique dont le total serait 64.800 années.

Il représente encore le nombre des respirations journalières de l'Homme.

Il semblerait que le premier signe en soit le Capricorne et le dernier le Verseau ou le 12e cycle de 2.160 ans. Or, ce serait dans cette ère du Verseau que nous serions entrés en 1950!

Nous verrons un peu plus loin la difficulté que l'on rencontre à situer avec exactitude cette date de changement d'ère.

Le nombre 27 a été particulièrement retenu par T. Losbang Rampa.

Pour lui, l'unité de toute vie serait de 2.700.000.000 de battements de coeur.

Or, 2.160 années divisées par 27 donne pour résultat 80, soit la durée de vie normale en années de l'Etre humain.

Il est très souvent admis que le nombre moyen de battements de coeur de l'Homme est de 72 par minute.

Se basant sur l'hypothèse de Rampa, le nombre de battements de coeur par minute, calculé sur base d'une année de 360° ou 360 jours serait de 2.700.000.000 : (80x360x60) = 65 battements.

Nous savons que dans notre système zodiacal actuel, il y a des rattrappages. Car, n'oublions pas que le rapport entre le cycle solaire annuel de 360°et le cycle lunaire n'est ni 12, ni 13.

Il serait de 12,85.

Il est communément une habitude de dire que le cycle lunaire est de 28 jours. Mais en tenant compte du pas de la vitesse de la Lune par jour qui est de 13°34', on s'aperçoit que le cycle de la Lune est de 27 jours 9 heures et 13 minutes, moment où elle revient à la position initiale.

Ce qui est extraordinaire, C'es le fait que l'addition des chiffres de ce temps donne pour résultat 22 (2+7+9+1+3) ou 2+2 = 4 ou le retour vers la racine sacrée 1. Nouveau cycle.

Le Soleil a un pas journalier de 0° 59' 08".

Pour revenir à sa position initiale, il lui faut 364 jours 10 heures et 5 minutes.

Ici encore, on retrouve étrangement le chiffre 1 par la somme théosophique de ce temps (3+6+4+1+0+0+5 = 19 = 1+9 = 10 = 1+0 = 1).

Coïncidence également, c'est que ce résultat 19 correspond à la lame ou arcane 19 du Tarot qui représente le Soleil.

En considérant le cycle annuel solaire et le cycle de la Lune, il en ressort qu'il faut 13,33 cycles lunaires pour combler le cycle solaire. Que constatons-nous encore, c'est de nouveau le retour à 1 (1+3+3+3 = 10 = 1+0 = 1) .

Revenons à la théorie de Rampa et ses 2.700.000.000 de battements de coeur pour une vie humaine.

Prenons le cycle solaire réel de 364 jours 10 heures et 5 minutes.

Pour faciliter les calculs, ramenons ce temps en minutes et nous obtenons 524.765 minutes.

Si selon les actuaires des Compagnies d'Assurances sur la Vie, la moyenne d'années de vie de l'Etre humain est de 72 années nous aurions un nombre de battements de coeur moyen de : 2.700.000.000: (72x5247653 = 71,46 c'est à dire 71 à 72 battements par minute.

Un enfant naît après une période de gestation théorique de neuf mois.

Ces neuf mois sont calculés en mois de 28 jours, ce qui nous donne une période de 252 jours après la dernière menstruation.

L'ovule non fécondé aurait pu l'être soit 14 jours avant et il l'aura sans doute été 14 jours après la menstruation.

La période de gestation serait donc de 266 jours.

Ce nombre nous rapproche sensiblement du total de dix lunaisons de 27 jours 9 heures et 13 minutes, ou 273 jours 20 heures et 10 minutes.

N'oublions pas que le nombre 10 est le nombre de Pythagore pour le retour au commencement ou à la création par le 1.

L'Astrologie, nous l'avons dit, fut à la base de l'Astronomie actuelle. Elle est appelée Astrologie Naturelle c'est à dire l'étude des phénomènes célestes et ce qu'ils représentent dans leur propre contexte et leur milieu.

C'est ce qu'on a appelé l'étude du Zodiaque naturel ou des constellations qui s'appellent Bélier, Taureau, Gémeaux, Cancer (Ecrevisse), Lion, Vierge, Balance, Scorpion, Sagittaire (Centaure), Capricorne, Verseau et Poissons.

Ces constellations sont des groupes d'étoiles où certaines dites fixes sont très importantes pour les astrologues attachés à l'Astrologie naturelle encore appelée Astrologie sidérale.

Dans le Cosmos ou encore dans la sphère céleste, on s'est aperçu, que tout comme le Soleil et la Lune, d'autres étoiles se déplaçaient. Elles furent appelée planètes.

Ce sont de ces planètes dont nous parlerons dans un autre chapitre.

Un élément de base qui démarqua l'Astrologie de l'Astronomie ou vice versa, c'est la clef des points équinoxiaux.

Dans le Zodiaque naturel, les points équinoxiaux ne restent pas 1 à la même place. Ils se déplacent de 50"1/3 par an dans le sens des aiguilles d'une montre. Aussi, il faut 25.868 années pour qu'ils reviennent à leur point initial. C'est le phénomène de la précession des équinoxes.

Actuellement, chaque année, on prend comme base le 21 Mars et le 21 octobre comme points des équinoxes.

Rappelons nous que le 21 septembre était le jour de la grande année zodiacale et par, conséquent, le premier jour de l'année pour les Chinois, les Juifs, les Incas et les Egyptiens.

Le 21 septembre est aujourd'hui le premier jour du signe de la Vierge.

Mais, par rapport à ce nous venons de faire remarquer, pour les anciens ne serait-ce pas la constellation du Lion?

Cette hypothèse confirmerait l'importance de la planète ou du luminaire, le Soleil, comme source initiale de toute énergie et de toute création.

On nous dit que nous entrons dans l'ère du Verseau parce que un jour l'équinoxe de printemps ou dite tel sera dans la constellation du Verseau? Quand ?

Difficile à dire avec précision car les deux constellations, celle des Poissons et celle du Verseau se chevauchent.

Ce qu'il est plus important de connaître, plutôt que de s'arrêter à une date, c'est que l'évolution est en route et, que si l'ère du Verseau a pu commencer en 1950 pour certains, plus d'une centaine d'années seront nécessaires pour effectuer cette transition.

Transition, d'ailleurs, qui pourra revêtir une grande importance sur le plan de l'Astrologie mondiale.

L'Astrologie mondiale est une autre forme d'astrologie.

C'est l'Histoire et la répétition de l'Histoire qui en sont les témoins.

Nous ne nous attarderons pas à ce type d'astrologie.

Il est seulement bon de savoir ou de répéter qu'elle existe.

On en est arrivé, suite à cette distanciation entre l'Astrologie naturelle ou Astronomie initiale et l'Astrologie actuelle, à créer un zodiaque fictif de 360°, appelé Zodiaque Intellectuel ou Zodiaque Judiciaire (du mot jugement) et c'est pourquoi cette Astrologie différente de la naturelle est appelée Astrologie Judiciaire.

Ce Zodiaque fictif de 360° a été divisé en 12 portions de 30° à chacune desquelles il a été donné le nom d'une constellation.

C'est cette dénomination qui a été la source des multiples confusions entre l'Astrologie et l'Astronomie bien que ces deux sciences se rapprochent très fort par leurs méthodes de calculs.

Il y a aussi l'Astrologie horaire qui permet de faire le point d'une situation en un lieu donné et pour une heure donnée et ainsi en tirer les conclusions.

Il y a encore l'Astrologie médicale, à ne pas oublier en raison de l'importance des indications qu'elle peut fournir sur les prédispositions à telle ou telle maladie.

Il en existe encore une autre et qui est pratiquement précurseur à toute Astrologie.

C'est l'astrologie onomantique (du grec "onoma" = nom).

Elle avait pour méthode de traduire les noms patronymique, prénoms et date de naissance en symboles célestes , en nombres ou en chiffres.

Cette Astrologie fut décriée comme le fut l'Astrologie Judiciaire, qui ne doit d'avoir été réhabilitée que grâce à Choisnard, officier d'artillerie de l'Armée Française qui consigna des milliers de constatations et de répététivités pour qu'elle soit reconnue comme Science. Malheureusement certains de ceux qui la pratiquent aujourd'hui n'ont pas l'intelligence suffisante pour prétendre se considérer comme "scientifique". Le serait-il même, qu'un vrai scientifique garde intelligemment sa modestie.

L'Astrologie onomantique fut considérée comme un Art divinatoire parce que certains cabbalistes furent des déviationnistes.

En fait, c'est cette Astrologie onomantique qui est à la base de ce que certains appellent la Numérologie, sans le savoir, d'autres l'Arithmologie et ce que, moi, je vous propose d'appeler la Numérologie astro-tarologique.

Je m'efforcerai de vous montrer les liens et les interrelations entre les nombres, les planètes et les tarots.

Les dés sont jetés.

Vous serez surpris de la logique implacable qui existe entre ces trois éléments.

La Numérologie est-elle un Art divinatoire ?

J'espère et j'en suis pratiquement convaincu que vous la considérerez aussi comme une science, à l'issue de la lecture de cet ouvrage.

Je vous parlerai de planètes, maisons, aspects, tarots etc.
Dans chaque cas, ce sera succinct. Les idées essentielles seront retirées de la symbolique.

Pour en connaître davantage ou approfondir certains sujets, je vous invite à lire de bons ouvrages qui ont été écrits et dont les titres non exhaustifs sont cités dans la bibliographie en fin de ce livre

LES PLANETES ET AUTRES

Les planètes, combien sont-elles ?
Y-a-t-il d'autres éléments qui ne sont pas des planètes ?

C'est ce que nous allons voir ensemble.

7, 10, 11, 12, 13, 15 ou ? planètes et éléments célestes ?

Lorsque les Anciens considéraient la Terre comme le centre de l'Univers, ils avaient retenu 7 planètes : Le Soleil, la Lune, Mercure, Vénus, Mars , Jupiter et Saturne.

A la fin du siècle passé et au début de ce siècle ,de nouvelles planètes sont venues s'ajouter grâce à leur découverte : Neptune, Uranus et Pluton.

Uranus est appelée par les Anglo-saxons Herschel, du nom de celui qui l'a découverte.

Dire que les Anciens ne les connaissaient pas, comme les Egyptiens ou les Grecs, seraient être beaucoup trop hâtif dans ses conclusions alors que nous ne possédons aucune preuve du contraire, mais... les noms...ne ressemblent-ils pas très fort aux divinités grecques ?

La Terre n'est-elle pas une planète ? Nous voilà déjà à 11.

Il y a aussi deux points fictifs, le Soleil noir et la Lune noir ou Lilith. Et les Noeuds lunaires ? Cela fait 15 et puis ...

La nomenclature des Planètes pourrait être établie logiquement en fonction du temps que chacune d'elles met pour revenir à son point initial et nous aurions ainsi :

la Terre	:	24 heures
la Lune	:	27 jours et 9 heures
Mercure	:	+ 88 jours
Vénus	:	+ 225 jours
le Soleil	:	+ 364 jours et 10 heures
Mars	:	+ 687 jours
Jupiter	:	+ 11 ans et 310 jours
Saturne	:	+ 24 ans et 153 jours
Uranus	:	+ 83 ans et 273 jours
Neptune	:	+ 162 ans et 265 jours
Pluton	:	+ 245 ans et 120 jours

Dans les éphémérides qui donnent la position des planètes pour chaque jour de l'année, il est d'usage de commencer par le Soleil.

A midi, en temps corrigé par rapport à Greenwich, le Soleil est au zénith ou encore en milieu du ciel. C'est sa position la plus favorable ou son énergie dégage sa toute puissance.

Nous commencerons par retenir l'ordre suivant !

Soleil, Lune, Mercure, Vénus, Mars, Jupiter, Saturne, la Terre, Uranus, Neptune et Pluton.

Pourquoi la Terre après Saturne ?

Les Anciens connaissaient les sept planètes et la huitième dont ils ne faisaient pas mention, ils étaient dessus, ils y vivaient.

Par conséquent, ils en subissaient les influences.

Cet ordre ne sera pas tout à fait celui dans lequel nous donnerons la description de ces planètes.

Le chiffre ou le nombre qui les précèdera devra être retenu afin de pouvoir établir la relation avec les lettres de notre alphabet, celles de l'alphabet hébraïque et les arcanes du Tarot.

1. LE SOLEIL

Le Soleil nous apparaît comme, non pas une boule de feu, bien que cela puisse l'être, mais comme un cercle jaune-orangé-doré, tacheté et auréolé.

La combustion de gaz d'hydrogène et d'hélium se propage dans le Cosmos. Des projections de matière en fusion y sont constantes.

D'autre part, tous les onze ans, des réactions se produisent d'une manière particulière dues à la fois à l'énergie et au magnétisme du Soleil.

Tantôt ces taches sont de polarité positive, tantôt elles sont de polarité négative.

Ces propagations perturbent les communications radiophoniques et autres pouvant aller même jusqu'à les interrompes.

Le magnétisme de la Terre s'en trouve modifié.

Aussi n'est-il pas surprenant de constater que, durant ces périodes, il y a recrudescence de décès, de tremblements de terre, de violence aussi bien de la part de la Nature que de celle des Hommes.

Symboliquement parlant, le Soleil est représenté par un cercle au centre duquel figure un point.

C'est le cercle du néant d'où surgit quelque chose.

Ce quelque chose peut être l'Homme ou tout Etre avec son pouvoir créatif et ses facultés de créativité.

Le Soleil, c'est la source d'énergie, énergie à la xe puissance, énergie incontrôlable, exploitable, encore faut-il savoir comment le faire et vouloir le faire !

Cette énergie est-elle intarissable? Qui sait?

On parle de plus de cinq milliards d'années. Et après?

La Terre, pivotant sur son axe, prend un inclinaison qui s'accentue régulièrement et faiblement.

Un jour, oh combien lointain, viendra où le Cosmos donnera l'impression d'avoir complètement basculé, alors que ce sera la Terre, et l'image des restes de diverses implosions dont celle du Soleil, pour faire place à un autre luminaire ou à d'autres luminaires existant déjà mais sont-ils déjà bien connus?

Le Soleil est donc source de lumière, d'énergie.

Il symbolise le feu, et, de fait, il nous apporte la chaleur.

Peut-il être néfaste?

Il peut, en effet, brûler, rendre aveugle.

Nous trouvons dans ces quelques mots, tout ce qu'on a pu, à travers les âges, attribuer au Soleil.

C'est le père Créateur. Il est générescence de la vie, de la vitalité. Il est le coeur de la Création et, par conséquent, il est le coeur de l'Homme ou, encore, le chakra solaire qui se trouve au niveau du plexus solaire de l'Homme.

Il fait preuve d'autorité et de supériorité sur tout.

Il est or. Il brille, il rend brillant.

L'or, c'est la richesse matérielle tout autant que la richesse spirituelle.

Mais tout ce qu'il a créé, a procuré, le Soleil peut le détruire.

C'est ainsi que la volonté peut devenir despotisme, la fierté, de l'arrogance, la noblesse de coeur, de la vanité ou de la suffisance, la magnanimité, de l'égocentrisme ou de l'égoïsme.

Il est d'usage d'attribuer au Soleil, en Astrologie, des indicateurs en ce qui concerne la personnalité et les potentialités professionnelles ou sociales de l'Homme.

C'est ainsi que toute fonction où l'autorité doit être exercée à un niveau important est du domaine de ce luminaire.

Tout être qui en subit l'influence première témoignera de besoins de paraître, rayonner sur les autres.

Il est également considéré comme la symbolisation du père ou du mari, du conjoint ou de l'ami de coeur.

2. LA LUNE

Comment décrire ce deuxième luminaire, le Soleil étant le premier?

La Lune nous apparaît sous différents aspects ou de différentes formes.

Tantôt, c'est un cercle, tantôt ce sont des croissants, des demi cercles. Elle est de couleur gris argent avec des taches plus sombres.

Par moment, on peut avoir l'impression qu'elle sourit ou qu'elle rit et à d'autres moments, elle fait la grise mine.

Ce sont bien souvent des courants de gaz dans le Cosmos qui en sont la cause comme également l'angle de frappe des rayons du Soleil sur elle.

Les Cosmonautes l'ont découverte. C'était la première planète à atteindre car c'est celle qui est le plus rapprochée de notre Terre.

On y a découvert des espèces de lacs, des montagnes et des volcans éteints. Bien sûr il n'y a pas d'eau.

Elle est bombardée par les rayons du Soleil qu'elle nous réfléchit durant la nuit. Ces rayons sont porteurs d'ondes comme les rayons que nous recevons directement du Soleil. Elle est une espèce de réflectivité de la lumière.

Faut-il rappeler l'influence de la Lune sur les marées, son influence, selon ses phases, sur le psychisme de l'Etre Humain. La criminalité, par exemple, ou les dérèglements nerveux s'accentuent durant la phase de Lune montante pour atteindre un pic lors de la nuit de pleine Lune.

Or la pleine Lune, c'est le moment où le Soleil et la Lune sont en opposition, c'est à dire que les rayons solaires frappent la Lune d'une manière perpendiculaire et avec le maximum d'intensité.

Lorsque la Lune et le Soleil sont dits en conjonction, c'est à dire sur le même degré du zodiaque, c'est la nouvelle Lune.

Cette Lune là, il est difficile de la voir.

Les gens de la campagne savent que pour avoir de beaux et bons légumes verts, c'est à dire ceux qui se développent hors de terre il faut faire les semis ou les repiquages durant les jours les plus proches précédents la pleine Lune.

Pour les légumes qui se développent en terre, exemple carottes, salsifis etc.., les semis doivent avoir lieu dans la phase descendante de la Lune c'est à dire lorsque l'on se dirige vers la nouvelle Lune.

La luminosité de la Lune est extraordinaire car c'est la seule lumière de laquelle les rayons altèrent le marbre bien davantage que ceux du Soleil.

Pour réfléchir la lumière solaire, la Lune est impressionnée des diverses ondes porteuses du Soleil; il y a une espèce de tri qui s'opère sous l'influence des compositions gazeuses du Cosmos traversé par les rayons solaires.

La Lune subit donc des phénomènes cosmiques qui fait qu'aujourd'hui, elle présente une certaine luminosité de sa face et, demain ce sera une autre.

La Lune est donc impressionnable et sensible.

Or, sa lumière crée des zones d'ombres sur la Terre qui n'ont guère la netteté de celles créées par la lumière du Soleil.

Dans le cas du Soleil, surtout lorsque ce sont les heures d'ensoleillement les plus intenses, les contrastes sont violents.

Il n'y a pas de nuances. C'est un peu du type tout ou rien, blanc ou noir.

La Lune, c'est plus en nuance, cela peut même plus flou, voilé.

Mais la Lune certains jours, présente une face voilée ou avec un halo. Ce halo se dilue dans la nuit cosmique dans une bande plus large que ce que nous pouvons percevoir de la dilution du halo du Soleil.

La Lune représente la Femme, la Mère.

Il y a une forme d'introversion, elle subit, elle réfléchit, elle peut rêver ou imaginer.

Elle est incertaine, végétative.

Elle ne produit pas mais transforme ce qui lui a été envoyé.

Elle régit la vie sur terre tout autant que le Soleil par son magnétisme et l'entretien d'un taux de lumière au degré requis pour que tout ce qui est dans la nature et l'Homme lui-même puisse continuer à vivre et à capter l'énergie cosmique durant le sommeil ou le repos de la nuit.

La Lune agit donc sur l'état subconscient de l'Homme puisque, si le jour, il a conscience qu'il capte les rayons solaires et les subit, lorsqu'il dort la nuit, il ne se rend pas compte de cette même captation pour les rayons de la Lune. Il peut se l'imaginer après ou avant mais pas pendant.

La Lune est donc responsable de l'harmonie des fonctions de l'Homme, de son subconscient, des systèmes fluidiques internes, glandes, grand sympathique, lymphe, règles etc...

Elle attire ce qui est liquide ou attire vers les grandes eaux, comme lacs, étangs, mers ou océans.

D'où cette notion très répandue que la Lune représente tout ce qui est public, masse, foule.

Elle régit les capacités de réceptivité intellectuelle et de mémoire tout en étant qu'elle créée en même temps des dispositions à la méditation ou à la contemplation.

En fait, ne contemple-t-elle pas son Soleil!

Le Soleil est positif, la Lune est négative. Ils sont complémentaires. De leur union naît une autre vie. Le Soleil créée ou plutôt transmet ses hormones séminales à la Lune qui les féconde. Le Père et la Mère.

La Lune donne un caractère réservé, pouvant être assez timide.

Elle n'est pas leader comme le Soleil. Elle vient en deuxième lieu. Elle lui est subordonnée naturellement.

Il y a de l'amour dans la Lune comme elle peut paraître sorcière. Alors, il y a agressivité sournoise ou maladive.

L'intuition est générée par la Lune en raison de l'importance de son influence magnétique. Mais cette intuition peut devenir de l'hypersensibilité débouchant sur la susceptibilité, générant des caprices, des changements de comportement ou d'attitude pouvant aller d'une forme de béatitude, de rêverie bienfaisante à l'inertie, l'indolence, la paresse.

La couleur de la Lune, c'est argent ou gris-argent. Elle symbolise l'avoir c'est à dire ce que l'on retient pour soi, sa maison, son foyer, sa voiture et... pourquoi pas...sa femme ou son mari, sa maîtresse ou son amant, sa compagne ou son compagnon, ses enfants.

Il y a une forme de possession égocentrique de ce qui entoure l'Etre Humain.

L'argent, c'est l'argent. Il peut venir de diverse sources, le commerce, les banques, les assurances, le Trésor public, etc. ..

Elle témoigne du degré de magnétisme de l'Homme sur les foules, dans la politique, dans les contacts avec le public. Ou il y a de l'extraversion et l'influence lunaire sera bénéfique, ou il y a de l'introversion et cette même influence sera restrictive, inhibitrice.

3. MERCURE

Mercure ou l'Hermès grec.

C'est la symbolisation divine qui se traduit en un beau jeune homme aux allures non pas mâles ou agressives mais sous une forme d'élégance aussi bien dans le geste que dans la parole et oh combien dans la parole.

Mercure est une petite planète tout aussi beignée des rayons solaires que la Lune.

Mercure, de polarité masculine, transforme certaines ondes solaires ou lunaires c'est à dire les ondes Alpha, Bêta, Thêta et Delta.

C'est un excitateur qui galvanise les ondes Alpha et Thêta dans un sens bénéfique mais qui, en intensifiant l'ampleur et la fréquence des ondes Bêta et indirectement Delta, créée une discorde et un déséquilibre intellectuel.

Mercure, en jouant l'élément équilibreur entre le Soleil et la Lune, active les facultés mentales, intellectuelles, de raisonnement. C'est l'esprit utilisable sous toutes ses facettes.

C'est le Fils. C'est le beau jeune homme cité plus haut, fruit du Soleil et de la Lune, Père et Mère. Il subit une double influence ou une double excitation.

C'est la raison pour laquelle, on attribue à Mercure d'avoir une forte influence sur les facultés nerveuses.

De là ce caractère de vivacité que l'on lui prête ou de dégénérescence mentale.

Sa manière d'influencer les modes d'expression que sont la parole et les écrits est telle qu' il donnera les facultés de transformer du blanc en noir, du jaune en vert, du bleu en violet.

C'est à dire qu'il donne les dispositions d'exprimer sur un sujet donné deux idées contradictoires en deux phrases, sans que, si on n'y prête pas attention profondément, personne ne s'en rende compte. Mais le message est parti et il est passé dans le subconscient des autres.

L'exagération et le mensonge lui sont propres.

Mais par ailleurs que de poésie, quelle faconde. C'est beau, c'est bien dit, c'est bien écrit.

Les personnes qui sont sous l'influence de Mercure sont en général des porteurs ou des transmetteurs de message.

Elles ont en général la grande faculté de se mettre en synthonisation avec le milieu dans lequel elle gravite, c'est à dire elles ont la faculté de vite saisir l'attitude à adopter et les mots à utiliser.

Bien sûr, on peut rétorquer qu'il y a de la ruse. En effet, c'est une disposition qu'elles sont friandes d'employer.

De la à dire qu'elles sont douées pour tout ce qui est des relations commerciales, il n'y a qu'un pas qu'il est très facile d'effectuer.

Comme se sont des gens qui sont toujours sur le qui vive non pas par crainte quoiqu'il y ait un peu d'anxiété dans leur comportement, mais pour être en mesure de trouver le plus rapidement possible comment manoeuvrer pour avoir l'avantage de la situation.

D'où souvent des excès de nervosité qui peuvent mettre en péril l'équilibre général, faire perdre la maîtrise de soi ou encore se laisser aller à la drogue ou à la boisson.

Heureusement que dans la plupart des cas, elles sont servies par une très bonne intelligence.

Elles sont de bons manoeuvriers aussi bien dans les négociations commerciales que financières.

Journalisme et écrits sont en général des domaines qui leur sied à merveille.

Mercure est le métalloïde qui représente cette planète et la couleur est très argentée sans être de même aspect que celle de la Lune.

4. MARS

L'aspect ou l'apparence de Mars est assez rougeâtre.

Elle possède une atmosphère et elle semble irriguée par des canaux.

Elle change de couleur ce qui peut vouloir dire qu'elle serait peut-être sujette à des changements réguliers du type saisonniers.

Est elle habitée?

Possède-t-elle une forme de végétation ? Cela serait plausible. On a découvert que Mars aurait deux astres gravitant autour d'elle assez semblables à des lunes.

L'un s'appelle Phobos et gravite autour de Mars en environ sept heures trente, tandis que l'autre appelé Deimos le ferait en environ trente heures.

La durée du jour qui est sur Terre de 24 heures serait un peu plus élevée sur Mars qui reçoit très fort les rayons du Soleil.

Le rouge est attribué à cette planète? C'est en fonction de son apparence extérieure.

C'est aussi une planète d'énergie mais une énergie moins constante que celle du Soleil. Elle est davantage cyclique. Cette énergie est en dents de scie.

De là, cette espèce d'hardiesse, d'impulsivité que l'on lui attribue.

Mars, c'est l'action immédiate, directe sans s'embarrasser de quoi que ce soit. C'est l'instinct à l'état brut.

La lutte pour la vie est sa devise, il faut se battre pour tout et dans tout.

L'effort intellectuel n'est pas tellement de mise avec cette planète mais l'effort physique dans toute sa nature, dans toute sa force est régi par elle.

C'est le fonceur, celui à qui on dit : il faut aller là et qui y va tête baissée sans se soucier le moins du monde de ce qu'il va rencontrer.

Cette prédisposition à l'effort physique peut ainsi témoigner de la tendance à l'agressivité. Si cette agressivité prend trop d'ampleur, c'est la belligérance pouvant aller à la destruction.

Comme la qualité ou le défaut de foncer lui appartient, il est alors logique que la personne sous son influence recherche ou se laisse aller à vivre des situations dangereuses, excitée qu'elle est par l'esprit de vaincre et bien sûr d'être le maître, de dominer.

Mais cette domination est plus tyrannique que celle du Soleil.

La colère, l'emportement la sécheresse des attitudes, le langage haché, dur, cinglant sont de l'apanage de Mars.

Mais quel courage, quelle force !

Mars peut-être un élément constructeur, régénérateur.

Mars manque de raffinement, c'est la bête à l'état pur, naturelle.

Heureusement que des gens sont sous son influence peuvent être des éléments moteurs.

Mars enfin peut être cause de tragédie dans tous les domaines si ses rayons sont fort ressentis et non tempérés par d'autres.

Audace ou imprudence ?
Cordialité ou violence ?
Franchise ou cynisme ?
Gentil ou cruel ?

Tout cela, c'est Mars.

5. JUPITER

Le plus bel astre du Cosmos.

Bien que peu influencé par la chaleur solaire, Jupiter dégage aussi de la chaleur. Ce serait dû à de la lave qui serait encore en fusion.

Jupiter, c'est un Prince et pourquoi pas un Roi ?

C'est le dieu de l'Olympe. C'est Zeus.

C'est une planète considérée comme bénéfique encore que, selon les circonstances, son influence peut être désagréable et même dangereuse. Il est une des planètes les plus importantes après le Soleil et la Lune car elle génère des dispositions favorables à la chance, à la prospérité.

Tout ce qui est d'un haut niveau spirituel, intellectuel, ce qui relève de l'idéal est influencé par cette planète.

C'est pourquoi, il est courant de trouver des personnes, fortement marquées par Jupiter, qui abordent les domaines de législation , de la théologie, de la philosophie au sommet.

Jupiter symbolise la protection, la sagesse, la noblesse de coeur.

Il recherche l'harmonie des êtres et des choses. La richesse aussi bien spirituelle que matérielle est similairement apportée par cette planète presque comme le Soleil le fait.

Mais il y aurait peut-être un peu plus de faste, de luxe.

Il y a chez Jupiter de la générosité, de la philanthropie, un esprit libéral, franc, juste, respectant les gens et les lois.

Mais Jupiter peut pêcher par orgueil, par fatuité. Il peut exagérer, être hypocrite et se complaire dans des actions anti-conformistes, irrespectueuses des religions, philosophies ou lois.

Et pourtant, Jupiter sait être un grand amoureux. Encore faut-il le comprendre parce qu'il peut y avoir beaucoup de cérébralité tout autant que l'aspect physique instinctif, animal.

Jupiter entraîne à l'aventure, à la recherche des grands horizons, ou les contraintes sont peu nombreuses.

Cette aventure ou cette recherche est tout autant une démarche intellectuelle qu'un besoin d'être ailleurs, de voir du neuf ou tout au moins autre chose.

Sa couleur : le bleu, le violet et pourquoi pas le pourpre, la couleur ecclésiastique.

6. VENUS

Vénus, c'est l'étoile du berger.

Elle est enchaînée au Soleil. C'est d'ailleurs lorsqu'elle suit le Soleil qu'on peut la voir briller et s'enfoncer à l'horizon. Elle pourrait tourner sur elle-même et avoir des jours et des nuits comme sur la Terre. Mais elle est entourée d'une très forte épaisseur de nuages d'où la difficulté de se rendre compte de l'état de son sol.

Elle reste encore de nos jours une question complexe pour les astronomes.

Les anciens l'ont toujours considérée comme la planète de l'Amour.

Par tradition elle est bénéfique.

La couleur que lui est attachée est le vert tendre, chaud.

Elle dégage la beauté, la douceur, le sens profondément féminin.

L'intelligence est dirigée vers la compréhension, l'ouverture aux autres.

Elle est claire, vive, artistique. Vénus représente aussi la conciliation, la générosité des sentiments.

C'est l'élégance du geste, de la parole, du mouvement, l'harmonie des formes. Songez à la Vénus de Millau.

Toute personne influencée par elle, vit de grandes intensités sensitives, des élans affectueux. La sensibilité est telle que toute faculté de perception est aiguisé.

Vénus, ce sont les Arts plastiques, la Musique, le Théâtre, la Poésie.

Il y a du charme, une espèce d'attirance magnétique, la recherche d'une vie sans souci du lendemain, épicurienne.

Evidemment, toute qualité a son défaut. C'est comme cela que l'on peut rencontrer des gens mus par la paresse, vaniteux, suffisants, dotés d'une hypersensuabilité et d'une propension aux vices.

La Vénusienne peut-être un peu du style " Mater dolorosa " ou "sainte n'y touche ". Le Vénusien pourra être attiré par l'homosexualité et jouer, dans ce cas,le rôle féminin.

Les professions relevant de la beauté : coiffure d'art, parfumerie, haute couture, artiste-peintre, etc.. sont du domaine du Vénus.

Mais tout ce qui conduit aux moeurs légères et à la dépravation est aussi son domaine.

Le métal de Vénus est le cuivre principalement le cuivre jaune. Le cuivre rouge rend Vénus plus violente aussi bien dans ses qualités que dans ses défauts.

7. URANUS

Uranus serait dans la mythologie le maître du Ciel et ainsi le père de Saturne. Uranus ou Ouranos, c'est la remise en ordre du chaos.

Uranus c'est Herschel chez les Anglo-américains. Sur cette planète ou autour de celle-ci, la vapeur d'eau serait dominante.

Si cela est, cela veut dire que cette vapeur produit des nuages et provient elle-même d'un état de fusion de la planète.

D'où une forte intensité de chaleur.

L'influx d'Uranus est puissant et même plus puissant que celui de n'importe quelle autre planète bien que celle-ci soit très éloignée de la Terre et plus éloignée que bien d'autres.

Uranus donne des réactions étranges, vives, soudaines brusques mêmes.

Pour Uranus, il faut du mouvement, il faut savoir mener sa barque, la Vie est une perpétuelle remise en cause et reprise en mains.

Uranus est mu par un feu intérieur, assez hyperrationnel, technicien ou attiré par les moyens modernes de communication, de transport, d'espace. C'est aussi la transmission d'ondes, de signaux sous toutes leurs formes (Radio, Télévision Radar, Téléphone etc...)

Il faut qu'il se déploie, qu'il bouge, qu'il atteigne son but même au prix de pertes. Quel que soit l'obstacle rencontré, il est vaincu car Uranus donne des dispositions de lièvre, c'est à dire que ce qu'il confère peut se comparer à la manière dont court et se déplace un lièvre, tantôt tout droit, tantôt à droite ou à gauche, en oblique, en zig-zag etc. c'est vif, rapide, l'éclair qui dégringole, soudain et qui illumine en même temps. Ce sont les fluides naturelles, ondes, intuitions, instincts, l'invisible perçu.

Comme Uranus n'est influencé par pratiquement aucune autre planète, cela veut dire qu'il est son maître, qu'il considère son indépendance vis-à-vis de tout, la liberté d'action ou d'expression.

Ce qu'il connaît aujourd'hui est déjà dépassé depuis hier. Il faut de l'inédit. Uranus ne s'adapte pas et se refuse à le faire. Les autres doivent s'adapter à lui.

Chercher, innover, inaugurer, faire oeuvre de pionnier, cela c'est aussi Uranus. Tout comme d'ailleurs, se rebeller, être sarcastique, entêté, explosif relèvent de son emprise.

Comme il agit sur l'invisible et même l'impalpable, il peut entraîner les déséquilibres nerveux, la folie, les explosions soudaines, les accidents naturels comme ceux provoqués par l'homme et ses machines.

Le Radium et le platine lui sont attribués tout comme la couleur bleu assez soutenue allant vers la couleur nuit scintillante, et également l'Uranium.

8. LA TERRE

Nous est-elle bien connue la planète Terre sur laquelle nous vivons?

Ce volcan ou ce feu intérieur en perpétuelle combustion est une espèce de boule écrasée.

Cette planète se déplace en rotation sur elle-même sur un axe en inclinaison constante et s'accentuant régulièrement.

Deux éléments appelés pôles se trouvent à l'extrémité de chaque pointe opposée de cet axe. Le pôle Nord et le pôle Sud,le + et le -.

La Terre est en perpétuelle recherche de son point d'équilibre afin d'éviter tout basculement brutal.

La Terre est souvent considérée par les physiciens comme un immense électro-aimant.

Par sa vitesse de rotation rapide, il se crée ainsi un champ électro-magnétique. Il y a des ondes qui sont émises de son coeur, de sa surface.

Les différences de structure ou de configuration de son sol, eaux, failles, montagnes, volcans etc... créent des zones de perturbations de l'uniformité de ses ondes. Les monuments qui ont été construits sur elle sont des électro-capteurs ou des électro-émetteurs d'énergie.

Cette énergie peut être cosmique, électrique, magnétique, ou tellurique.

Cette énergie se propage sous forme d'onde captable par tout ce qui vit sur la Terre et s'en nourrit.

Tout objet naturel ou artificiel dont la matière de base vient de la Terre, tout être, toute chose, tout animal émet des ondes et en captent d'autres.

Le déséquilibre entre ces ondes provoque des troubles sérieux tant au niveau du psychisme que du niveau matériel ou encore de la vie sur cette planète.

Cet environnement électro-magnétique dans lequel l'Homme vit est tributaire de l'influence cosmique ou irradiante des planètes comme les luminaires Soleil et Lune.

Les planètes rayonnant cosmiquement à des degrés divers, soit parce qu'elles sont directement émettrices elles-même ou qu' elles le soient indirectement par un changement de leurs composantes gazeuses,sous l'effet des deux luminaires précités, perturbent et modifient la composante du champ électro-magnétique de la Terre et,par conséquent,du lieu où nous vivons.

C'est pourquoi il est important qu'il y ait un équilibre entre ces différentes forces mises en présence.

Or,comme ces différents types d'ondes influent sur les différentes composantes de l'Etre Humain, surtout au niveau des facultés de perception et de transformation de cette perception en énergie ou contre-énergie, il ne peut y avoir de bien-être que si il y a équilibre entre ce qui est produit et ce qui est absorbé ou encore déchargé.

Cette conception transposée dans l'Homme affecte tout ce qui le caractèrise que ce soit spirituellement, matériellement, intellectuellement.

Pour terminer ces paragraphes sur la Terre, attirons l'attention de ceux que cela intéresse, que la Terre est couverte de méridiens (non pas les géographiques) mais les méridiens magnétiques comme ceux de l'acupuncture et d'autre part que son pôle Nord n'est pas celui indiqué par la boussole.

Il diffère de plusieurs degrés. La Terre est nourricière mais sa vie est si intense que lorsque elle se met en colère, ce sont de grandes perturbations.

La Terre apporte par son influence sur le comportement humain l'obstination, le goût de l'effort, le sens de la méthode, la sobriété, une grande réserve qui entraîne inévitablement une grande introversion.

Ce qui sort de la Terre ou vient de la Terre retourne à la Terre.

Il y a aussi la recherche de la précision, de la justice.

La couleur qui se rapporte à la Terre est l'ocre foncé ou un rouge assez foncé tout en étant lumineux. Aucune comparaison avec le rouge agressif de Mars.

9. SATURNE

Saturne c'est Cronos, écrit également Chronos.

Le fruit des liaisons entre Ouranos (Uranus = le Ciel) et Géa (la Terre).

Saturne possède des satellites et vous avez déjà entendu parler des anneaux de Saturne qui sont sans doute formés de milliers de poussières cosmiques tournoyant autour de cette planète.

Saturne en plus des dix satellites possède aussi dix lunes.

Quelle planète ou système planétaire complexe.

Saturne n'a guère rien à envier au Soleil car, après ce dernier c'est la planète, bien que très éloignée, la plus prodigieuse et la plus énigmatique.

Saturne, c'est le temps, la durée, la persévérance. Ce sont les minutes qui sont distillées une à une sans se presser.

Les anciens considéraient Saturne comme la plus infortunée des planètes.

Pour eux, Saturne finissait toujours par précipiter ceux qu'il élève.

Par contre, Saturne apporte aussi des possibilités de réussite extraordinaires et stables à l'encontre de Jupiter qui lui donne la chance, or la chance peut être éphémère. Chez Saturne, c'est du construit, sans doute avec lenteur, mais d'une manière constante, progressive. C'est la stabilité en fin de parcours.

Si Jupiter apporte protection c'est une protection instantanée, du moment, avec Saturne, c'est la protection temps.

Cette planète n'apporte pas un rayonnement particulier sur les autres car il n'est guère démonstratif et n'attire pas l'enthousiasme d'autrui. Evidemment, il apporte de grandes facultés de concentration, de recherche du pourquoi, de l'analyse, de l'investigation.

Sa pensée est très profonde et son jugement pris avec le temps est clair, net, sans faille.

Il n'y a pas de paroles inutiles de là, souvent cette idée, que la personne influencée par Saturne ne parle pas beaucoup. Elle observe.

Il peut y avoir excès de cérébralité, d'où inhibition.

Saturne maintient la dualité chez l'Etre humain entre deux forces cosmiques contradictoires d'impulsion ou désir d'action et l'inhibition ou frein de l'action.

Les qualités de Saturne sont donc la persévérance, la précision, la sobriété.

Comme le sens du devoir est profond, il y a souvent aussi bien économie dans l'action que dans le domaine matériel.

Sur le plan spirituel, il peut y avoir une recherche très élevée, d'où une élévation de pensée qui irait vers la religiosité et qui revêtirait une certaine chasteté.

On assimile beaucoup à Saturne les personnes âgées comme le père ou les grands parents. C'est également un indice de lieux calmes, retirés même monastiques.

Si Saturne montre son côté négatif, alors il y a égoïsme, intolérance, méchanceté, misanthropie.

Saturne est aussi un taiseux, un mélancolique. Mais par ailleurs, il peut assurer une belle réussite surtout en troisième période de la vie.

La couleur de Saturne est foncée, souvent le brun foncé ou le noir.

Le plomb est le métalloïde qui lui correspond.

11. NEPTUNE

Neptune aurait été une planète découverte d'abord par calcul.

Ce serait le français Le Verrier qui en aurait calculé son existence, en 1846 et elle aurait été découverte sur base de ces derniers par un allemand du nom de Golle.

Assez éloignée de la Terre, sa lumière n'est guère intense mais Neptune diffuse cette même lumière de manière aussi ininterrompue et persistante.

Neptune serait le frère de Jupiter et Pluton et ainsi le fils de Saturne et Rhéa, déesse de la Terre et fille d'Ouranos.

Neptune serait la planète qui aurait influé sur certains cours de l'Histoire et ce serait sous son impulsion cosmique que de gros mouvements politiques sont intervenus, comme la Révolution Française, la création des Etats-Unis ou tout au moins la mise en route des conquêtes des Européens des territoires indiens.

Pourtant ces événements n'avaient pas fondamentalement un esprit belliqueux ou de conquête, mais surtout un esprit libre, empreint de certaines idées communautaires, c'est à dire le bien des autres. Lorsque le pacifiste est trompé, il faut bien qu'il combatte.

Toute idée générée est floue, mal définie, mais la force à pousser à agir, c'est à dire une force indéfinie, est constante; elle ne peut s'arrêter.

Cette force est également irrationnelle, mystique, c'est celle qui ferait soulever des montagnes. Elle a besoin d'être maîtrisée et conduite.

Neptune est un gardien non pas répressif mais indicatif car il a cette faculté de pouvoir percevoir toute chose anormale aussi bien sur le plan spirituel, moral que sur le plan physique surtout en ce qui concerne tout ce qui est fluide ou fluidique.

A partir de cet anormal, c'est la Muse des Poètes, le génie créateur des Peintres, Sculpteurs, Musiciens.

Ce sont aussi les facultés de clairvoyance, de médiumnité.

Neptune peut apporter beaucoup de bonheur principalement sur le plan psychique ou psychologique mais par contre, il peut être aussi le plus grand élément de fuite devant la Vie et quelqu'un, qui subirait cette influence négative de Neptune pourrait sombrer dans la destruction de soi-même et des autres par tout moyen peu clair; cela pourrait aller à la drogue, somnifère, noyade, etc...

Attention à l'utopie ou aux châteaux en Espagne.

Neptune peut amener aux hautes cimes spirituelles.

On associe,en général, à Neptune la couleur bleu turquoise, la couleur bleu des eaux claires.

Son métalloïde serait les composants de platine.

12. LE SOLEIL NOIR

Nous en subissons tous son influence au même titre car son mouvement est très lent.

Le Soleil noir est le second point de l'orbite terrestre.

Pour ceux qui désirent des explications complémentaires, je leur recommande le livre de Georges Ruchet intitulé " Recherches et Réflexions sur le Soleil noir ou le Soleil noir chez quelques créateurs".

Le Soleil noir est en opposition à Lilith, voir le livre intitulé " LA LUNE NOIRE" de Jacques Coutela

Le Soleil noir c'est toi, c'est moi.

Nous sommes là. Nous sommes nés mais vivons-nous réellement selon notre profondeur.

C'est l'enfant qui est en chacun de nous. C'est l'espiègle, l'insouciant qui veut vivre sans contrainte, sans dieu ni loi.

" Je suis à l'état primaire. C'est mon hypersensibilité qui me guide mais je ne me contrôle pas.

Aussi puis-je être extrémiste, fantaisiste, fanatique car mon raisonnement pourra me faire défaut.

Tout ce que je ressens effectivement se libère sans nuance, sans frein".

C'est un peu la bête à l'état pur, à l'état intuitif et instinctif naturel.

Le Soleil noir, c'est l'oeil droit qui conduit toutes nos visions directement à notre cerveau droit ou rien n'est classé, trié, étiquetté, raisonné. Toute réaction émanant de cette demi-sphère cervicale est impulsive ou source de nos pulsions, de nos sensations et impressions premières, de nos flashes.

Or, une anomalie de l'oeil droit, renforçant par compensation la force de oeil gauche et à laquelle s'ajoute une dyssimétrie entre les deux yeux laisseraient apparaître des indices de clairvoyance.

Serait-ce pour cela que l'on serait en marge des contraintes établies par les Hommes et le plus souvent bien loin des contingences naturelles?

" Me prendriez-vous pour un fou ?
Suis-je à rejeter parce que vos conventions ne me conviennent pas?
Laissez-moi rire!"

13. PLUTON

C'est l'Hadès des Grecs ou le Maître des Enfers.

Selon Milchèle Curcio, Pluton symbolise la germination.
C'est à dire la mort donnant naissance à la vie.

Pluton est le gardien des richesses profondes de la TERRE: or, argent, zinc, platine, uranium, etc.
C'est l'abri de tout ce qui lui est confié pour le restituer, le faire naître à la vie ou pour donner la vie, la semence, les racines.

Or, toute naissance est soumise à une force constante et répétitive dans le temps.
Cette force, elle est en bien ou en mal.
Si elle est en bien, ce sera la recherche d'une sublimation, l'impénétrable sera vaincu et des forces nouvelles supérieures sur le plan spirituel animeront une existence nouvelle.

Par contre, si la force est en mal, ce sera la destruction, le chaos, la mort sous toutes ses formes et la plus violente sera au rendez-vous.

Pluton, planète découverte en 1930, alors que la mythologie grecque en fait mention sous la forme d'une divinité appelée Ploutos ou encore Pluton, fils de Cronos (Saturne) et de Rhéa (La Terre), est un symbole de richesse mais une richesse non ostentatoire, cachée, profonde.
Par conséquent, tout ce que nous ne pouvons pas voir, percevoir concrètement ou encore comprendre avec notre intelligence est du domaine de Pluton.

On retrouvera, sous son influence, le justicier (bien ou mal), l'occultiste, l'archéologue, le psychologue, le géologue, le spéléologue, enfin toute activité ou toute chose qui relèvent de la recherche dans les entrailles de la terre (matière), du psychisme de l'Homme (esprit), de la recherche de la connaissance de la composition de cette matière et de cet esprit jusqu'à l'étude des réactions et contre-réactions provoquées en ces domaines.

Exemple connu : la réaction atomique.

La couleur de Pluton serait d'un rouge ocre foncé, assez chaud et non agressif.

Le métalloïde est le Plutonium.

15. LILITH OU LA LUNE NOIRE

C'est un point fictif en Astrologie comme le Soleil noir.

C'est le foyer vide de l'orbite lunaire dans l'elliptique.
Le déplacement de ce point fictif est très lent, environ 3° par 27 jours, soit 9 mois pour couvrir un signe zodiacal.

Or, Lilith était considérée par les Anciens comme un élément sacrificateur, c'est à dire à la fois un "Couteau de Sacrifice", comme l'écrit Joëlle de Gravelaine dans son livre intitulé "La Voie du Soleil", et une " Initiatrice inconditionnelle ".

Il faut sacrifier, balayer, voir tuer pour accéder à un plan nouveau de conscience ou plus élevé.
Le spirituel et le matériel sont en lutte permanente. Et cela me fait penser immédiatement à la quinzième lame du Tarot représentant " Le Diable " et appelée comme tel, cette dualité à résoudre du bien ou du mal, du bonheur ou du malheur, de la noblesse de coeur ou de la vilainerie, de l'amour ou de la perversion.

Lilith, c'est le devenir. Mais, ce devenir nécessite la transformation en puissance. Il faut évoluer. Pour ce faire, il est impératif de prendre conscience des éléments profondément ancrés en chacun par le biais de la continuité des générations.

Lilith, ce sont les enzymes intimes, personnels qui doivent être libérés, se nourrir des difficultés, des blocages, des tabous, des frustrations, des entraves et autres et qui donnent la possibilité de les digérer au mieux, de les transformer en énergies protéiniques et vitaminiques que le corps, l'âme et l'esprit absorberont pour se développer en harmonie avec eux-même.

Lilith suggère de se voir tel que l'on est et non pas tel que l'on suppose être ou encore que l'on désire se voir! Il faut accepter de prendre conscience et de vouloir se connaître par ses aspirations, ses désirs, sa soif de vivre, etc, peu importe ce qu'ils sont. Elle pourra engendrer audace, force, courage, violence et destruction totale voir même satanique. Mais, elle ne les actionnera pas.

Ne pas avoir peur de connaître son influence est le premier pas vers l'évolution ou une forme de renaissance.

" Je serai dure avec toi. Tu me refuses, c'est bien. Alors, ne te plains pas. Ta vie ne sera vécue que sur le plan matériel.

Tu ne seras jamais qu'un envieux, un occultiste rebouteux sous l'emprise de Satan ".

" Par contre, si tu peux oublier ton enveloppe extérieure, cette espèce de carapace qu'il te faut pénétrer, alors, ton évolution sera en marche et tu agiras selon ce que tu auras analysé ",

N'oublions pas que Lilith est la soeur de Saturne et d'Uranus soit " Recherche profonde " et " Recherche de renouvellement ".

Lilith est à la fois bourreau et l'opposant de soi-même qui oblige à l'autocritique, au jugement et à refouler certains instincts. C'est un peu la belle et la bête.

Lilith est la représentation de l'oeil gauche, celui qui conduit directement les informations à la partie gauche de notre cerveau, qui "computérise" toutes les données et toutes les valeurs de notre intellect.

20. LE NOEUD NORD

Pour se rendre compte de l'influence des Noeuds lunaires, il faut s'imaginer deux points voyageant à contre-sens des planètes dans le zodiaque sur un axe toujours diamétralement opposés l'un à l'autre, le Noeud Nord et le Noeud Sud, encore appelé la Tête et la Queue du dragon.

Certains astrologues ont cru y déceler les indices du Karma ou de la réincarnation comme Irène Andrieu l'explique dans son livre intitulé " Astrologie, clef des vies antérieures " et Martin Shulman dans un livre dont le titre est " Karmic Astrology The Moon's nodes and reincarnation ".

Ces deux auteurs nous ont inspirés pour donner une définition succincte des Noeuds. Il apparaît que les Noeuds lunaires démontrent comment et pourquoi l'Homme reste attaché à son passé.

Ce sont des points magnétiques de l'âme et de l'esprit, l'un de caractère futuriste et l'autre de caractère atavique.

Le Noeud Nord représente la bonne Providence qui apporte ses moyens de nous guider au travers des méandres de l'inconnu, de l'insolite.

Les obstacles et les difficultés sont surmontables et surmontés car l'Etre aime vivre et veut vivre.

La réussite, le bonheur d'avoir vaincu par soi-même, par son élévation frappe à la porte et enrichit la vie intérieure.

Noeud Nord = synonyme de dépassement.

En clair, cela veut dire que l'on veut découvrir ses immenses possibilités et en exploiter bénéfiquement et harmonieusement les sources.

On a vaincu les inhibitions du passé ou encore les entraves de notre propre réalisation.

L'harmonie se manifeste pour engendrer un bien être de vie.

Le ciel s'illumine, se constelle d'étoiles.

Nos ressources spirituelles et matérielles s'irriguent mieux et nous nous retrouvons dans une atmosphère ou une ambiance plus chaleureuse.

Pourquoi pas assimiler ce Noeud Nord au Jugement du Tarot ?

22. LE NOEUD SUD

Tourner le dos au passé, voilà bien ce qui doit être accompli. Mais, on reste souvent figé sur place ou encore on reste rivé à ses habitudes, à ses idées, à son éducation, à son environnement parental.

Ce sont tous les éléments traditionnels ou de la tradition familiale, au sens large, qui nous lient et, souvent non seulement nous empêchent de nous en détacher, mais, paradoxe, nécessitent de nous en détacher pour l'accomplissement ou la réalisation de notre moi profond.

Très souvent, nous sommes fascinés par notre passé ou par le "Passé" en lui-même.

Le maintien de vieux principes ou de vieux comportements et tabous empêche toute évolution.

Les pensées négatives sont des entraves importantes. Or, ces pensées négatives ne sont nourries que par des événements passés dans notre vie ou dans celle de nos ancêtres.

S'y maintenir, c'est inéluctablement se créer une situation déprimante ou de marasme.

Se tourner vers le passé, c'est bien si l'on y puise des énergies pour aller de l'avant.

Mais, vivre avec les éléments du passé est la source idéale d'une transposition inévitable sur la vie d'aujourd'hui et celle de demain.

Ainsi, notre comportement se trouve-t-il en porte à faux et devient-il incompréhensible pour l'entourage et la Société, devient-il inadapté à la vie et, par conséquent, une source de frustrations et de déséquilibre.

Il faut tirer profits de ses acquis et diriger sa vie, non pas, comme un illuminé, de manière désordonnée, mais, en se remettant en cause et sur les bonnes voies du renouvellement de soi.

Le " Mat " du Tarot en est bien le symbole. Il retourne la tête mais un animal lui mord le mollet pour l'obliger à repartir, à refaire un nouveau cycle, à trouver ses sources, ses marques et en tirer profit.

Pour clôturer cet exposé sur les planètes, nous mentionnerons Cérès et Proserpine qui sont évoqués dans les explications des signes astrologiques.

Cérès fait partie d'un groupe de cinq astéroïdes avec Pallas, Junon, Vesta et Psyché.

Ils gouvernent le signe de la Vierge. Souvent, on ne fait mention que de Cérès, c'est à dire la partie pour le tout.

Ces astéroïdes développent ou apportent maturation, maturité, éducation, observation, évolution, nutrition, sens de la protection, capacités thérapeutiques, maîtrise de soi et des facultés d'interconnexion ou d'interrelation d'abord avec soi-même et ensuite entre les autres et soi-même.

Proserpine, c'est la beauté plastique par dessus tout.

La sensibilité est à fleur de peau et, comme il y a un certain désir de paraître non pas pour dominer ou par orgueil mais pour le plaisir de plaire, il y a chez Proserpine une grande sociabilité.

L'esprit qu'elle confère est conciliant; il tend à vivre et à créer des atmosphères harmonieuses.

Le luxe n'est pas nécessairement recherché. C'est la beauté du geste, de la parole, de l'écrit, de l'expression sous toutes ses formes.

On retrouve Proserpine dans le signe de la Balance.

J'assimilerai volontiers Cérès à l'arcane 14 du Tarot, soit la Tempérance.

D'autre part, Proserpine pourrait être associée à la lame XVII soit les Etoiles.

LES SIGNES ASTROLOGIQUES

La numérologie a pour base ou est l'Astrologie onomantique.

Nous l'avons écrit précédemment.

Quoi de plus logique donc de donner pour chaque signe les particularités les plus communément retenues.

On entend souvent dire : je suis Bélier, je suis Balance.

Bien, ce sont des indications.

Mais parce que on est né le 21 mars par exemple et non le 20 mars on devient d'un jour à l'autre non plus bénéficiaire des caractéristiques des Poissons mais bien de celles du Bélier.

Nous pourrions encore brouiller les esprits et ainsi faire plaisir aux astrologues sidéralistes c'est à dire qui se basent sur la position plus ou moins fixe des constellations et des Etoiles.

Que verrions-nous dans ce cas ?

On viendrait dire à la brave personne qui croit depuis toujours qu'elle est du signe du Bélier, qu'en raison des déplacements astronomiques ayant apporté un décalage entre les constellations et les signes qui les représentent en astrologie, cette même personne serait sous l'influence du signe des Poissons ou plutôt de la constellation des Poissons.

Des choses ont été constatées, analysées, consignées au travers de l'histoire et il ne faudrait pas que l'on vienne à ce que les uns disent c'est nous qui avons raison et vous qui avez tort.

Des milliers pour ne pas dire des millions de thèmes astrologiques est été établis dans le monde sur base des informations et des données collectées, vérifiées depuis des siècles.

Si certains continuent à croire que ce sont des inventions ou de pures élucubrations de l'esprit ou de l'imagination, pourquoi la cohérence existerait-elle comme elle l'est dans les écrits même si il y a des divergences ?

Un éminent professeur d'université ne peut-il avoir un avis divergent d'un de ses éminents collègues pour la même matière?

Si les caractéristiques des signes, des planètes, des nombres sont rejetés alors, rejetons aussi n'importe quel symbole, les petits dessins, les mots ou les phrases que la Psychologie utilise ou la Psychotechnique.

Alors, tout test analytique de la personnalité doit être totalement rejeté...

Pour cette première partie de cet ouvrage, je m'en tiendrai aux caractéristiques les plus usuelles, en prenant en considération que dans un autre ouvrage je développerai comment tenir compte de l'évolution vers le point de vue des sidéralistes.

Pour chaque signe, je vous propose un portrait général, ensuite les variations dues à l'influence du signe en amont ou en aval, c'est à dire de celui qui précède ou de celui qui suit, ainsi que de la planète régissant le décan dans lequel se situe la date de naissance.

Une mise au point s'impose au préalable.

Il est important de connaître les trois grandes répartitions des signes.

1. TYPE OU SEXE.

Masculins : Sont masculins ou " positifs " les signes du Bélier, des Gémeaux, du Lion, de la Balance, du Sagittaire et du Verseau.

Féminins : Sont féminins ou " négatifs " les signes du Taureau, du Cancer, de la Vierge, du Scorpion, du Capricorne et des Poissons.

Les signes masculins sont " yang " et les signes féminins sont "Yin".

Les signes masculins confèrent aux personnes des qualités ou des facultés d'ouverture vers les autres. Ce sont des extraverties.

Tous les types de contacts ou d'activités sous toutes leurs formes sont appliqués en ayant toujours pour arrière fond le monde extérieur et une forme de domination ou de maîtrise de ce monde.

Les signes féminins donnent des personnes très réceptives, très sensibles et assez influençables.

Elles ont souvent difficiles à s'exprimer.

Ce sont des introverties.

Mais, par contre, elles démontrent très souvent une richesse très profonde de pensée, d'âme ou d'esprit.

Il y a un côté mystique, poétique ou artistique qui est sous-jacent.

2. LES QUATRE ÉLÉMENTS.

Ces quatre éléments sont les quatre éléments de base naturels: le Feu - la Terre - L'Air - l'Eau.

Chacun de ces éléments possède ses propres caractéristiques.

Le Feu donne l'énergie active et débordante, la chaleur et l'ardeur dans les actes et les actions, l'indépendance et l'ambition, une certaine forme d'autoritarisme, un tempérament bilieux ou musculaire.

Trois signes sont sous l'influence du Feu :

- le Bélier : générateur d'énergie
- le Lion : rayonnement de l'énergie
- le Sagittaire : dépassement de soi par une énergie plus spirituelle.

La Terre représente la matière, le matérialisme, l'esprit concret, industrieux. Elle donne le sens du réalisme et de la réalisation, ce qui induit précision, ordre, méthode ainsi que lenteur dans l'action ou les décisions. L'esprit possessif ou de possession peut y régner.
Le tempérament sera nerveux et cérébral.

Sont régis par la Terre, les signes :

- Taureau : énergie lourde à se mettre en activité
- Vierge : réalisme et énergie activée par un matérialisme réaliste
- Capricorne : matérialisme ou réalisme évolutif, cherchant une haute spiritualité.

L'Air, c'est la légèreté. L'intelligence sera vive. Le sens de la communication, de la diffusion sous toute forme sera prépondérant.

Le bon goût est fondamental. Mais, la superficialité et un esprit d'économie peu marquant seront souvent apparents. Le tempérament sera sanguin ou respiratoire si pas à la limite, aussi cérébral.

Les trois signes d'Air sont :

- Les Gémeaux : qualités réalisées ou développées sans profondeur, c'est à dire à un stade primaire.
- La Balance : recherche du rayonnement et de l'impact sur les autres
- Le Verseau : dépassement de soi par une propension au dévouement.

L'Eau représente la sensibilité. L'Eau est très bonne conductrice d'électricité, de magnétisme.

On retrouve dans les signes d'Eau une grande imagination, une vie intérieure très développée, un manque de réalisme, d'où romantisme.

L'intuition ou l'intuitivité supplante toute logique.

La nature est très émotive, passive, acceptant trop facilement le destin.

Le tempérament est lymphatique ou digestif.

Les trois signes d'Eau sont :

- Cancer : repli sur soi, peu d'ouverture vers les autres
- Scorpion : intériorisation vécue très intensément ce qui entraîne un comportement maladroit et même inconciliable avec les autres.
- Poissons : l'intensité émotionnelle est grande et l'hyper-sensibilité entraîne une certaine médiumnité ou une attitude visionnaire.

Si nous faisons une comparaison avec la Nature, nous trouvons:
l'Air attise le Feu mais gare aux incendies...
l'Eau éteint le Feu.
le Feu purifie et réchauffe la Terre mais peut aussi la ravager.
l'Air oxygène l'Eau mais attention à la tempête...
l'Air oxygène la Terre mais peut aussi l'asphyxier, l'ouragan...

l'Eau irrigue la Terre, mais trop d'eau donne de la boue ou des inondations...

Air et Air
Feu et Feu } le trop nuit dans tout
Eau et Eau

Au lecteur de s'amuser à analyser les résultats de ces combinaisons ou d'autres de ces quatre éléments.

3. FONCTIONS DES SIGNES.

Les signes sont répartis en trois grandes catégories de fonctions ou de fonctionnement: Cardinalité - Fixité - Mutabilité.

La cardinalité, c'est bien sûr la recherche des avant-postes, d'être le premier en tout aussi bien en pensées qu'en actions.

La tête est au service de l'énergie mais elle peut être désservie par un excès d'audace ou de témérité.

Les quatre signes cardinaux sont le Bélier, l'audace et la témérité ne se se préoccupent guère de la réflexion, le Cancer qui désire être le chef de lui-même et de son petit monde à lui, monde restreint d'ailleurs à sa propre famille, la Balance qui ne désire que paraître et à jouer un rôle qui la met en vedette, le Capricorne qui veut être maître de sa destinée et qui ne recherche que l'élévation.

La fixité donne la notion de " je meurs là où je m'attache ".

D'où, ces idées de ténacité, de fermeté, de stabilité.

Evidemment, le contre-pied est une grande difficulté à s'adapter aux autres ou à de nouvelles situations.

Bien que l'esprit sache se concentrer constructivement, il n'en demeure pas moins beaucoup trop entier.

Ce sont les signes du Taureau, pêchant par excès de stabilité ou de recherche de stabilité, peu adaptable, le Lion qui délimite sa zone d'activités en fonction des sentiments de respect et de grandeur qui lui sont témoignés, le Scorpion, lui, est tellement ferme dans ses idées que c'est son égoïsme qui prime tandis que le Verseau aura tendance à certaines obsessions et à se cantonner dans une recherche d'altruisme ou de dévouement aux autres par satisfaction personnelle intérieure.

La mutabilité donne la flexibilité d'être au diapason de l'événement, de l'idée sans l'avoir vécue ou approfondie. Ce sont les signes des Gémeaux dont la superficialité est presque légendaire, la Vierge qui se laisse apparemment commander mais qui n'aime pas cela du tout, le Sagittaire qui embrasse des causes philosophiques ou religieuses du moment qu'elles peuvent être différentes des autres et qu'il ait la possibilité d'y briller et, enfin, les Poissons qui sont un peu du type " du bois que l'on fabrique les flûtes " c'est à dire qu'il prend le large dés le premier coup de vent.

BELIER
SIGNE DE FEU ET CARDINAL
PLANETE 4 MARS

Période : 21 Mars au 20 Avril.
La planète Mars influence la période, en toile de fond.

La période 20 Mars - 27 Mars est celle ou les caractéristiques dues au signe des Poissons s'estompent pour disparaître.

La période du 19 Avril au 26 Avril préparent l'influence des caractéristiques du signe du Taureau.

D'autre part, des planètes sont plus particulièrement attribuées à des périodes de ce signe.

Le Bélier a un esprit d'initiative, de commandement, il est ambitieux, enthousiaste, autoritaire, audacieux.

Il est aussi belliqueux, ardent, se laisse aller à des coups de tête.

Son caractère est sans nuance : blanc c'est blanc, ce n'est pas gris.

Très imbu de lui-même, il n'y a que ses idées qui sont parfaites.

Les autres, ou bien ils le suivent ou bien il les écrase.

C'est un égoïste dans la recherche de son autorité, de sa manière de s'imposer aux autres. Son intelligence est vive, elle peut être intuitive mais aussi, et cela n'est pas des moindres, à la recherche des biens matériels.

C'est un être dynamique, optimiste. Il est mêle tout car les autres doivent agir comme lui selon ses idées.

Il peut être très généreux tout autant que dur.

Dans ses sentiments, c'est le mâle, le phallocrate, le dominateur.

Le mot phallocrate ne s'adresse peut-être pas à une personne du sexe féminin mais c'est une image et une femme peut tout aussi bien avoir les mêmes caractéristiques.

Car pour moi, excepté la seule différence morphologique, il n'y en a pas d'autres entre un homme et une femme.

Il y a des nuances ou des modulations. Mais l'un comme l'autre est le même Etre Humain.

Pour apporter cette distinction modulaire entre l'Homme et la Femme-Bélier, je dirai que l'Homme a davantage besoin de s'imposer, c'est un sentimental qui ne veut pas l'accepter ou le montrer de peur que l'image de marque de sa virilité ne soit flétrie.

De toute manière, c'est un sexuel.

Il aime les exercices physiques, les efforts mais ceux de longue haleine lui sont pénibles et il pourrait être amené à renoncer. Jusqu'à un certain point, les échecs, qu'il n'aime pas, peuvent le dynamiser, mais ces mêmes échecs pourront lui faire adopter une attitude à ce point dur qu'il devient un être imbuvable, d'un égoïsme extrême, fanatique et assassin.

Il aspire au bonheur et à la réussite mais sacrifiera le premier pour la seconde.

La Femme-Bélier est très passionnée, c'est le type même de la militante.

Le foyer ne l'intéresse que dans une faible mesure. Il lui faut aussi une activité où elle puisse dominer physiquement ou intellectuellement.

Elle est plus agressive que l'Homme-Bélier, beaucoup plus revendicative car c'est davantage la passion qui la mène.

Elle est franche, vive, nerveuse. Ce n'est pas elle qui accepte d'être choisie par l'Homme mais c'est elle qui doit choisir. Elle peut être du type amazone.

Le découragement l'habite très vite.

L'enfant-Bélier est turbulent, difficile à élever. Il a des colères, surtout s'il ne peut s'imposer. Il est important de lui tenir tête car il aurait tendance à se prendre pour un caïd.

Il a besoin de se défouler physiquement pour son équilibre psychique.

Les études ? Oui mais... Le sport, la compétition ? Sans doute...

De toute manière, le Bélier est beau, c'est une nature pleine de feu, de vie; dans sa pureté, il n'est nullement calculateur.

C'est la nature à l'état premier.

Le Bélier-Poissons sera plus prudent, moins impulsif. Il est plus souple. Il s'avance peu à la légère, il préfère savoir où il va mettre ses pas. Il avancera des idées nouvelles mais aura difficile à les concrétiser.

Le Bélier-Taureau, c'est l'impétuosité alliée à la puissance. C'est l'obstination en tout. C'est la force de réalisation mais non pas celle de la création. Les efforts peuvent être longs.

Les idées seront fermes et aussi fixes.

Le premier décan est sous l'influence de Mars. Le dynamisme est grand, la nature ardente. Il y a de l'indiscipline, de la tendance à l'arrivisme et aux décisions péremptoires sans discussion ou dialogue possible.

Le deuxième décan est sous l'influence du Soleil.

Bien qu'il soit orgueilleux, le Bélier peut se montrer magnanime, davantage généreux. Il y a une certaine noblesse de caractère.

Il est passionné et aime être admiré.

Il a confiance en lui et sait inspirer confiance.

Le troisième décan est régi par Vénus.

Il y a manque de réflexion. Le Bélier suivrait n'importe qui et n'importe quelle idée. C'est un prodigue, un esprit un peu artiste, bohème et amoureux.

Il est moins intéressé par le matériel. Mais la passion...

Cette passion qui nuit à son intelligence, qui la freine.

Le nombres qui caractérisent le Bélier sont :

- premier décan : 4 (Mars) + 4 (Mars) = 8 = recherche d'équilibre

- deuxième décan : 4 (Mars) + 1 (Soleil) = 5 = désir de vous en imposer, de conseiller

- troisième décan : 4 (Mars) + 6 (Vénus) = 10 = 1 + 0 = 1
  je suis malin, mais où vais-je ?

Du point de vue santé, le Bélier est souvent très nerveux, il souffre de maux de tête, - il peut friser l'apoplexie -, il est sujet à la sinusite, à des grippes fréquentes et à de fortes fièvres.

La mémoire peut s'user plus rapidement que d'autres.

La tête est en général le point faible.

Il est déconseiller de fumer et de faire des repas lourds. Il est recommandé de bien respirer et de faire beaucoup d'exercices de relaxation.

Eviter les graisses.

Tout en apportant les nuances qui conviennent, le Fer, le phosphate de potassium, le rouge écarlate, le rubis, le diamant ou l'améthyste lui sont favorables.

Les primevères et le houx sont à rechercher et le parfum de lavande lui est apaisant.

Savoir se modérer et vivre au grand air.

Les professions qui conviennent au Bélier sont :

- chef d'entreprise
- leader politique
- sportif exerçant des sports à risques
- chirurgien, ingénieur
- toute fonction dirigeante ou directive où il faut lutter et conquérir

TAUREAU
SIGNE DE TERRE ET FIXE
PLANETE 6 VENUS

Période : 21 Avril au 20 Mai.
Vénus est la planète dominante.

Du 21 Avril au 30 Avril, l'influence de Mars et de son Bélier se dilue tandis que se développe celle des Gémeaux durant la période du 19 au 26 Avril.

Le Taureau confère un caractère aimable, agréable.
Mais il est entêté, jaloux et coléreux. Il sait voir rouge.
Il aime le travail, il dégage une force importante surtout sur le plan physique.
C'est un matérialiste, il aime l'argent, le posséder, le gérer, le dépenser.
Il a le sens de la planification, d'établir et de mener à bien des projets de longue échéance.
C'est un amoureux mais ce n'est guère facile de se lier ou de vivre avec un(e) natif (ve) de ce signe.
Le Taureau est fidèle, droit, digne de confiance. Il a le sens pratique.
Par son obstination et sa fermeté, il n'est guère facile de l'influencer.
Il est très attaché à son lieu, à son foyer, à ceux qui vivent tout proche de lui. Il est très dévoué et a le sens social.
Il sait réfléchir et c'est rare qu'il n'ait analysé une situation avant de prendre une décision ou une action. Sa mémoire est prodigieuse.

L'homme-Taureau aime organiser, commander. Les Arts et la Musique le réjouissent.

L'importance de sa stabilité fait qu'il est lent à se mouvoir ou a s'émouvoir. Il a besoin de sécurité.

Il jouit de la vie à pleines dents. L'entente physique est très importante pour lui.

Son humeur est assez égale et il aime considérer son foyer comme une source de joie.

Il prend, capte, attire, absorbe par instinct.

C'est un gourmet mais aussi un gourmand. Il est avide de tout.

La Femme-Taureau est une amoureuse née. Elle est en général séduisante.

Elle est franche, honnête, paresseuse et influençable.

Elle ne sait pas faire état de sa propre personnalité.

Sa psychologie amoureuse n'est guère son fort.

Elle vit charnellement toute chose sans complexe.

Elle est possessive et jalouse. Elle aime la beauté, les fleurs, tout ce qui rend la vie et son environnement plus chaleureux, plus luxuriant.

C'est une maîtresse-femme.

L'un comme l'autre, l'homme et la femme de ce signe peuvent être égoïstes dans leur amour. Le physique auquel ils attachent beaucoup d'importance peut se transposer sur le plan matériel dans des actions de possession.

Un enfant Taureau a horreur des changements, il a besoin de tranquillité, de prendre son temps. Il n'aime pas être bousculé. C'est un travailleur.

Il aimera ce qui est manuel et ira même à se confectionner jouets, appareils divers. Il aime la nature, la campagne.

Il sera attiré par le domaine artistique. Il sera difficile de bien le guider.

Le Taureau-Bélier traduit l'impétuosité alliée à la puissance.

C'est l'obstination en pratiquement tout. C'est la force de réalisation mais non de créativité ou de création. Les efforts sont longs.

Les idées sont fermes et aussi très fixes.

Le Taureau-Gémeaux voit sa stabilité secouée par les désirs d'évasion des Gémeaux.

Il peut faire et entreprendre deux choses à la fois.

Il manquera de maîtrise de soi. Sa concentration sera difficile.

Son intelligence est rapide et peut être violente dans l'action.

Il est capable de réussir en n'importe quoi pourvu qu'il en ait la volonté.

Les choses sans importance revêtent chez lui un certain entêtement soit à les résoudre soit à les réaliser.

Le premier décan est influencé par Mercure.

Le Taureau est réaliste et attaché à un labeur utile et ininterrompu.

C'est un persévérant. C'est la bête de somme, le chameau du désert, infatigable, inlassable.

Il est lent à s'exprimer et il est en plus assez entier. Il aime la richesse et le confort. Dommage qu'il manque souvent de tact et qu'il ait des coups de colère sans raison.

Le deuxième décan est régi par la Lune. Ce sont l'instinct et le subconscient qui dirigent les actions du Taureau, aussi bien en amour, physiquement qu'intellectuellement et pratiquement. Il a un sens inné des affaires mais malgré tout il se laisse prendre à l'indolence. Il ne fait que ce qu'il lui plaît.

C'est un procréateur. C'est un jaloux. Il tire d'ailleurs tout but de cette jalousie presque morbide.

Le troisième décan est sous l'influence de Saturne.

C'est un ambitieux.

Il a l'obsession de la possession quelle qu'elle soit, mais en amour en particulier.

C'est un meneur car il a les capacités de diriger les autres. Il est maître de lui-même, apte aux tâches particulièrement difficiles.

Dommage qu'il soit de temps en temps chagriné, triste, mélancolique ou sa passion peut être obsessionnelle.

Il est un organisateur né et a de grandes capacités pour les études.

Les nombres qui caractérisent le Taureau :

premier décan : planètes Vénus, Mercure soit 6 et 3
6+3=9 Je suis déterminé et j'avance sûrement.

deuxième décan : Vénus, Lune 6 et 2
6+2=8 apprendre à équilibrer intellect et passion.

troisième décan : Vénus, Saturne 6 et 9
6+9=15 = Lilith, tu m'exaspères, me vaincras-tu?

La santé du Taureau peut être altérée par des maux de gorge fréquents, un certain embonpoint dû à une nourriture trop riche.

La rétention d'eau, l'urée et le diabète peuvent sonner à sa porte.

D'où rhumatisme, artériosclérose possibles.

Les vitamines A et E comme l'iode lui sont recommandés.

La marche et les grandes randonnées lui sont conseillées. Il doit préférer le poisson à la viande.

Sulfate de soude ou de potassium ou encore le potassium peuvent l'aider à se nettoyer l'organisme.

Le vert clair ensoleillé, le corail (rose), l'émeraude, le saphir clair, et le cuivre sont des éléments qui lui sont favorables.

Les parfums utiles seront la verveine ou la rose.

Fleurs : Lys et lilas.

Eviter l'entêtement et de nourrir des angoisses.

Professions : Homme de la terre, de l'agriculture.
Toute fonction bancaire ou de change.
Courtier en immobilier ou constructeur immobilier.
Expert en art et en bijoux.

LES GEMEAUX
SIGNE D'AIR ET MUTABLE
PLANETE 3 MERCURE

Période : du 21 Mai au 21 Juin.

Du 19 au 26 Mai, l'influence du Taureau diminue tandis que celle du Cancer commence à se manifester du 20 au 27 Juin.

Les Gémeaux ont besoin de jouer les intermédiaires. Ils ne savent vraiment pas toujours ce qu'ils doivent faire et, pour cette raison, ils ont l'habitude de courir plusieurs lièvres à la fois.

Ce sont des gens attirés par le changement, les mouvements.

Ils ont le sens de la diplomatie mais leur ironie est acerbe et sans pitié. C'est leur manière à eux de se défendre.

Ils aiment discuter pour le plaisir de discutailler et ne s'arrêtent que lorsqu'ils auront eu raison ou auront lassé leur interlocuteur.

Leur intelligence est vive, ils ont une grande faculté d'adaptation.

Dommage qu'ils prennent tout comme un jeu, ce qui fait qu'ils ne sont pas toujours pris au sérieux.

Ils sont aimables, affables, brillants. On les écoute facilement. Ce sont des bavards. Ils aiment s'instruire.

Ils aiment spéculer, l'escroquerie ne leur fait pas peur.

Ils usent de leurs relations à outrance et sans vergogne.

La raison domine souvent mais ils peuvent être aussi superficiels que rusés.

Comme ils sont débrouillards, l'imprévoyance ne les gène pas. Ce sont des nerveux, des sensitifs. Ils sont vite tracassés ou irrités.

Par leur humeur bienveillante, ils se créent un très grand cercle d'amis.

L'Homme-Gémeanx est désinvolte, aimable, charmeur et séducteur.

C'est un fantaisiste.

Il est très intelligent, c'est un cérébral et son tempérament est fragile.

L'amour, il préfère s'en protéger et l'ironiser. C'est plus la vie de garçon qu'il recherche. Ainsi, il peut gâcher la vie de son conjoint.

Il a le sens des responsabilités. Il fuit l'ennui et aime employer son temps dans la plus grande décontraction.

Il aime une vie sociale bien remplie. Il préfère mettre ses complexes au vestiaire.

Il a de bonnes adresses pour tout; c'est un malin.

La Femme-Gémeaux est très subtile mais fantasque.

Elle est très active presque par frénésie. Elle joue avec tout.

Elle se joue de tout.

Elle refuse un foyer sans joie, terne.

La mélancolie l'envahit, la tristesse la déprime.

Elle est nerveuse, impulsive, ambitieuse.

Elle se complique souvent les situations. Elle les vit mal. Elle a besoin de sortir, de voir du monde. C'est une bonne collaboratrice dans ce cas.

Dommage de son égoïsme et de son manque de persévérance.

Un enfant Gémeaux a besoin de beaucoup de douceur, de se sentir apaisé.

C'est un être curieux de tout, insatiable.

Le foyer des autres l'intéresse plus que le sien.

Il a besoin de discipline.

Il recherche les copains. Il veut bouger, se déplacer, voyager.

C'est souvent quelqu'un qui a l'intelligence plus vive que celle de ses parents, d'où des possibilités d'incompréhension et d'évasion.

Le Gémeaux-Taureau voit sa stabilité secouée par des désirs d'évasion.

Il peut faire et entreprendre deux choses à la fois.

Il manquera de maîtrise de soi. Sa concentration est difficile.

Son intelligence est rapide et peut être violente dans l'action. Il est capable de réussir en n'importe quoi pourvu qu'il en ait la volonté. Les choses sans importance revêtent, chez lui ou pour lui, entêtement dans leurs résolutions.

Le Gémeaux-Cancer est actif. Il a besoin d'entreprendre de nouveaux projets. Il a, néanmoins, l'esprit conservateur. La chance lui permet de réussir dans beaucoup de choses et dans les domaines les plus variés.

Dommage qu'il soit si nerveux. C'est un indépendant et ses activités seront en fonction de cette indépendance et de l'environnement dans lequel cela l'intéresse de vivre.

Le premier décan est influencé par Jupiter.

L'intelligence est vive, exceptionnelle; la faculté de concentration est grande.

L'indécision ou le manque de prise de décision empêche le succès lorsque l'effort a été mal entrepris ou que l'on ne l'a pas activé.

Attention à l'indolence.

Le deuxième décan est couvert par Mars. L'imagination est fertile.

Il y a manque d'adaptation aux réalités de la vie.

L'esprit est souvent inquiet, tourmenté, il aime la polémique.

Le troisième décan est régi par le Soleil.

Les dons et qualités intellectuels sont remarquables.

Le sens social est très grand, il aime étonner par son savoir.

Les idées fusent mais ne sont pas toujours réalisables.

Elocution très facile. C'est le feu d'artifices en tout.

Attention aux excès.

Les nombres qui caractérisent les Gémeaux sont:

Premier décan : Mercure et Jupiter soit 3 et 5 ; 3+5=8

équilibre à rechercher entre vouloir décider et décider.

Deuxième décan: Mercure, Mars ; 3 et 4 ; 3+4=7

Contrôler les actions désarçonnantes.

Troisième décan: Mercure, Soleil soit 3 et 1 ; 3 +1=4 Je règne.

Les Gémeaux sont souvent affectés dans leurs voies respiratoires. Asthme, bronchite ou pneumonie peuvent ne pas leur être épargnés, système nerveux fragile.

Le sommeil est très important et il doit se régénérer au calme. Les vitamines D lui sont recommandées en général tout comme le phosphore, le calcium et le chlorure de potassium.

Ne pas fumer et éviter les repas lourds.

Les fruits secs lui sont recommandés

La couleur grise rayée d'argent ou d'or, l'orange ou le jaune citron.

L'agate, le jaspe, le béryl et le mercure lui sont favorables.

La lavande ou l'origan lui sont conseillés comme parfum.

Ne pas être sédentaire, avoir une vie à l'air libre.

Plante ou fleur conseillée; chèvrefeuille, menthe, verveine.

Professions : écrivain, journaliste
représentant de commerce, courtier
à la rigueur acteur ou enseignant.

CANCER
SIGNE D'EAU ET CARDINAL
PLANETE 2 LA LUNE

Période : 22 Juin au 21 Juillet.

Planète dominante : La Lune. Du 20 Juin au 27, c'est une combinaison Cancer-Gémeaux qui se dilue.

Du 18 Juillet au 25 Juillet, la relation Cancer-Lion se crée.

Le Cancer vit dans un monde irréel. Il est à l'écoute de son coeur et de ses sens. C'est un sentimental, un très grand sensible, une sensibilité exacerbée et exacerbante.

Il sait être câlin et aime la vie au foyer. Il est naïf, manque de sens pratique et se retranche derrière une carapace.

Il est mélancolique, triste même. Il sait aussi être très moqueur. Son imagination est très vagabonde. Dommage qu'il soit fort influençable.

La timidité et la modestie l'habitent. Il a besoin d'amitiés, d'être entouré du moment qu'il peut retrouver son domaine à lui et ménager son jardin secret.

Il est très réservé, scrupuleux, attaché à ses origines.

Il aime se sentir protégé, c'est le travail chez lui qui lui convient le mieux car c'est à cela qu'il aspire.

Il a très tôt le sens de l'indépendance mais il a difficile de connaître le sens des responsabilités. C'est à dire en prendre conscience.

Tenacité, volonté, circonspection sont ses qualités majeures. Se sentant bien dans sa peau, il est capable de démontrer un énorme dynamisme, une activité débordante et mener à merveille toute entreprise. C'est en plus quelqu'un de très discret. Il est muet comme une tombe à propos de ce qui lui est confié.

Fortement lié à sa mère, c'est dommage qu'il ne rencontre pas souvent auprès d'elle la tendresse et l'amour auquel il aspire.

Il le réclame alors à son conjoint.

C'est un être qui sait placer les valeurs à un très haut niveau.

Il aime sa tour d'ivoire à l'abri des regards, les lumières tamisées. C'est un être tendre et vulnérable.

L'Homme-Cancer est tendre et assez docile, facile à vivre peut-être trop.

Il est cependant casanier et indolent, peu réaliste.

Il peut user les autres par sa force d'inertie.

C'est un érudit, susceptible et jaloux pouvant être aigri par les ennuis.

Son aspect extérieur n'est pas toujours très soigné. Le beau ténébreux, l'envoûteur, le poète, l'ensorceleur, c'est lui. Comme il est casanier, c'est parmi les siens proches qu'il se sent le mieux pour s'épanouir.

La femme-Cancer est romanesque, tendre, sensible, nostalgique.

C'est une amoureuse mais elle a difficile de faire son choix, car le poids de sa famille et de son éducation ont souvent été trop grands ou trop lourds. Elle a eu difficile de s'épanouir dans sa jeunesse.

Elle était conduite si pas brimée.

Elle possède un instinct maternel très développé.

Son humeur est douce et délicieuse mais, de temps en temps,elle pique une petite bouderie soudaine sans raison apparente.

Comme elle aime son père et en a besoin, elle sera attirée par des hommes plus âgés.

Etant impressionnable, elle peut être amenée à facilement changer d'avis.

Et pourtant, elle sait être tenace.

Attention à la jalousie et aux bavardages.

Son caractère sera changeant en fonction de l'environnement; elle pourra se fâcher.

L'enfant Cancer est très sensible. La chaleur familiale lui est très importante. Sa mère a une influence capitale.

Tout rejet de la mère ou tout manque quelconque de caresses ou d'affection peuvent traumatiser à vie un tel enfant.

Il aime que l'on lui raconte des contes fantastiques ou des histoires étranges.

Il a le goût et le sens du merveilleux.

Attention de ne pas le faire pleurer pour un rien.

Un tel enfant peut avoir des dons médiumniques.

Il recherchera la compagnie de personnes plus âgées et aimera apporter des soins à ces personnes.

Le Cancer-Gémeaux est actif.

Il a besoin de faire des projets mais son esprit conservateur prend souvent le dessus. Tout ce qu'il entreprend pourra lui sourire et il provoquera la chance. Dommage de cet excès de nervosité.

C'est un indépendant et c'est dans des activités où il y a indépendance, milieu d'intérêt et de bien être qu'il se sentira le mieux.

Attention toutefois à l'entêtement.

Le Cancer-Lion est beaucoup plus sûr de lui.

Son conservatisme, il peut s'en moquer, le ridiculiser.

C'est un réformateur avec un esprit très lucide. Il aime améliorer les conditions de ceux qui souffrent même en en souffrant lui-même.

Il aimerait être un guide.Il aime son passé.

Il peut être aussi fourbe que jaloux.

L'indolence totale peut le gagner si son enthousiasme fait défaut.

Le premier décan est influencé par Vénus.

C'est le magnétisme, le pouvoir attractif, réceptif qui dominent.

La sensibilité est très grande, un rien froisse, un rien enflamme. Ce poète, malgré ses grandes qualités, n'arrive pas facilement à s'exprimer car il a tendance à trop dramatiser.

Il peut être diplomate et très sociable mais c'est un versatile.

Attention de se laisser prendre à son charme; car, il sait être très accueillant.

Le deuxième décan est dominé par Mercure.

Il a un côté mystique, mystérieux.

La sensibilité est grande, l'imagination aussi.

On cherche, on recherche, on essaye de découvrir l'impalpable.

Bien qu'il soit susceptible, le Cancer est ici assez franc.

Il peut même être audacieux surtout s 'il suit ses impulsions.

Mais gare aux oppositions et aux opposants, car il sait être très violent.

Son psychisme est très fragile.

Le troisième décan est sous le couvert de La Lune.

C'est la rêverie, le manque total de sens pratique.

Il désire apporter aux autres, se dévouer, il se veut hospitalier, sympathique. Son jugement est sain et il est capable de prendre action au bon moment.

Il a le sens commercial, car il est très intuitif. Il désire briller mais cela peut entrer en conflit avec sa douceur et son romantisme.

Les nombres qui caractérisent le Cancer sont;

premier décan :	Lune - Vénus : 2 et 6 ; 2+6=8
	équilibrer la sensibilité.
deuxième décan :	Lune - Mercure : 2 et 3 ; 2+3=5
	Je serai cardinal, pourquoi pas?
troisième décan:	Lune - Lune ; 2 et 2 ; 2+2=4
	j'aime de prendre action, mais que j'ai peur.

La santé du Cancer est fonction du repos qu'il prend.

S'il a trop d'émotion ou vit trop dans l'angoisse, ce sera son estomac qui en pâtira et l'ulcère frappera à la porte.

Faire attention à la suralimentation. Marcher pour éviter une tendance aux varices.

Le Cancer a un grand besoin d'iode et les séjours à la Mer sont pour lui des plus bénéfiques.

Les sens et le lymphe sont sous l'influence de ce signe.

Il lui est conseillé de consommer des laitages, fruits de mer.

Eviter les viandes.

Les vitamines B et E et le fluor lui seront d'un bon apport.

Le blanc ou la couleur nacre, le cristal, l'opale ou la perle ainsi que l'argent lui conviennent le mieux.

Le jasmin est un parfum très favorable, il sera attiré par le bouleau et les nénuphars.

Si le Cancer s'intéresse et se passionne pour le surnaturel, qu' il prenne la peine de s'assurer de la bonne foi et de l'honnêteté de ses partenaires.

professions :	Fonctionnaire, bibliothécaire toute activité sédentaire sans aucune particularité en raison d'un lunatisme trop prononcé.

LION
SIGNE DE FEU ET FIXE
PLANETE 1 SOLEIL

Période : 22 juillet au 21 août.

Planète dominante : le Soleil.

Du 28 juillet au 25 juillet : Influence Cancer-Lion, s'orientant vers un caractère et une personnalité autoritaire, plus brillant.

Du 21 août au 28 août : La brillance et le besoin de paraître du Lion se dirige vers plus de matérialité et une préoccupation plus importante de lui-même par la duplicité Lion-Vierge.

Le Lion est le maître de la jungle. C'est le roi des animaux. C'est le dominateur par excellence. Cette domination laisse toujours apparaître une forte condescendance envers autrui.

Le Lion n'est pas rapide, il est plutôt pataud, sauf si c'est une Lionne.

Dans ce cas, elle est plus vive, plus belliqueuse par esprit de protection de ce qu'elle possède.

Le Lion, par son désir de paraître, d'être remarqué, aime tout ce qui est beau, luxueux., brillant et ne peut souffrir de supporter la médiocrité.

C'est un être fier, noble d'esprit élevé si il peut se dégager de la recherche de biens matériels et d'en faire état.

C'est une personnalité bouillante, forte, solide mais son indolence ou l'impression qu'il donne d'être suffisant, ne lui attire guère les sympathies, tout d'ailleurs comme son excès de se faire valoir ou de se faire voir.

L'indépendance fait sa force mais cette force dure, brutale, impitoyable n'est heureusement utilisée que lorsque le Lion est profondément irrité, et il lui faut du temps pour l'être, ou lorsque il est victime lui-même, ou son entourage d'injustice et de villénies. C'est un protecteur né, parfois un peu trop mais cela rentre dans sa nature.

C'est un ambitieux, pas nécessairement orgueilleux, quoique bien souvent il ne puisse éviter une touche d'orgueil très prononcée selon les circonstances.

Autant le Lion peut être magnanime, grand seigneur, désintéressé, autoritaire, franc, fidèle et sincère, autant il peut-être tyrannique, vaniteux, colérique, à la recherche du vedettariat.

Tout peut lui réussir pour autant qu'il y trouve de la valeur et que ce soit quand même une source de flatterie..

L'homme-Lion est ambitieux, indépendant, prompt dans ses propos. Il est intraitable et ne peut supporter aucune faiblesse de quiconque, alors que lui-même peut à certains moments, se trouver en position temporaire de faiblesse.

Il aime de bien faire les choses et cherche toujours à savoir de manière à paraître le premier ou le plus fort en toute chose.

En général, il est loyal, généreux, très attaché à sa famille.

Il persévère dans toute décision qu'il prend, même si cette décision a été difficile soit à prendre soit à appliquer.

La femme-Lion est extérieurement franche, souvent trop d'ailleurs, ce qui sur le moment peut amuser les autres mais peut les lasser aussi.

Elle est en général rigide, intransigeante dans ses principes et ses idées. Cette intransigeance se reflète dans ses actes.

C'est une orgueilleuse type. Elle refuse tout échec. Elle désire et veut pouvoir être la vedette, c'est d'ailleurs elle qui désire mener la vie du couple ou du ménage souvent pour cette raison et en fonction de son partenaire, elle a des difficultés d'être heureuse en ménage et pourtant c'est une excellente maîtresse de maison.

Elle est exclusive, elle n'aime que son entourage direct le peu de personnes envers lesquels elle condescend à avoir des sentiments. Elle peut-être dévouée si elle aime vraiment. Alors là, gare à la jalousie... la Lionne sort ses griffes.

Quand à l'enfant-Lion, c'est un enfant qui n'aime pas obéir car il a très vite conscience de son importance. Il faut à tout prix éviter de blesser son amour propre sinon les griffes seront méchantes.

Il faut pouvoir le flatter dans une juste mesure de manière à ce que ce soit pour lui une forme d'encouragement.

Il lui faut une vie sociale active.

Il pourra être attiré vers un monde riche, luxueux, féerique.

Apprendre à savoir le prendre, et l'on obtient tout ce que l'on veut de lui mais attention si vous le trompez!

Le Lion-Cancer est conservateur. Il n'est pas toujours très entreprenant. Il est réformateur avec un esprit lucide et n'aime pas se mouiller. Il est assez dévoué envers les autres.

Il désire être un guide.

Attention à sa jalousie et à la fourberie.

Sans entourage favorable, c'est l'indolence.

Le Lion-Vierge est plus terre à terre. Il veut être chef et diriger, pour un rapport appréciable. S'il n'y trouve son compte, il rejette. Cela peut être de l'égoïsme ou de l'égocentrisme. La causticité des propos traduit une énergie active et orgueilleuse. Il sait analyser des situations et s'auto-analyser. Malheureusement, que d'animosité et de jalousie, il peut s'attirer.

Ne serait-il pas avocat, juge ou grand comédien?

Le premier décan est influencé par Saturne, ce qui lui confère un désir ou une recherche de pouvoir. Il est très sensible à la flatterie. C'est un colérique surtout devant la médiocrité.

Il est ambitieux et se forge un but élevé a atteindre par besoin personnel aussi bien psychologique que matériel. Il est nourri par un complexe de supériorité.

Comme il aime le pouvoir, ses amours seront souvent teintés de forte passion.

Attention partenaire, rendez-la lui sinon...

Le deuxième décan est dominé par Jupiter. Il y a ici davantage d'excessivité en tout. Il lui faut de l'autorité et pouvoir l'afficher car il se surestime beaucoup. Il n'a guère de pitié sauf envers ceux à qui il porte des sentiments profonds.

Il a énormément confiance en lui. La philosophie et la religion peuvent l'attirer, dans cette éventualité, ce serait pour prodiguer la bonne parole, (ce qui serait une forme de domination déguisée).

Le troisième décan est régi par Mars. Que d'ambition! Rien ne lui résiste, mais gare à la tyrannie! Mais aussi quel panache! Il aime rendre service. Il possède un sens profond du devoir et des responsabilités. Il défend bec et ongles ses droits et ceux des autres et est empreint de justice. C'est un meneur d'hommes et d'entreprises.

La passion peut-être excessive ou refoulée soit si Mars est dominant ou si la Vierge prend le dessus.

Les nombres qui caractérisent le Lion sont:

premier décan : Soleil, Saturne : 1 et 9 ; 1+9=10 : 1+0=1
esprit d'indépendance.

deuxième décan : Soleil , Jupiter : 1 et 5 ; 1+5=6
Choix difficile à faire entre le spirituel et le matériel.

troisième décan : Soleil , Mars : 1 et 4 ; 1+4=5
le grand conseiller.

La santé du Lion est en général solide mais son excessivité peut avoir des répercussions néfastes sur son coeur et son irrigation artérielle.

Son système sympathique est cause de troubles incontrôlables et peu sujets à remèdes, cela principalement en raison d'une hypersensibilité trop souvent sollicitée.

Toute l'épine dorsale peut d'ailleurs en souffrir également.

Le solaire, c'est-à-dire le Lion est le signe comme les Gémeaux qui devrait s'abstenir totalement de fumer.

Un remède : un petit whisky de temps en temps, c'est vasodilatateur. C'est ce qui convient au Lion.

En dehors de cela, éviter les repas lourds et copieusement arrosés. Manger souvent mais peu à la fois.

Le Lion devrait consommer de préférence de la volaille et du pain complet assorti de légumes comme : choux, radis, cresson, laitues et concombres.

Les vitamines C et E lui sont conseillées tout comme le magnésium ou le phosphate de magnésium.

Excellent adjuvant : la prêle.

Le jaune éclatant, ensoleillé et les tons fauves sont des couleurs favorables au Lion.

Si or est son métalloïde, le rubis, le chrysolite et le diamant sont ses pierres favorables.

Le parfum est le Lys; l'héliotrope et la rose sont ses fleurs favorites.

Le Lion devrait apprendre à modérer son exubérance et à pouvoir être diplomate. Sa forme d'arrogance est trop souvent déplaisante. Au lieu de se défouler sur les autres, qu'il se défoule en tapant sur une balle ou un ballon.

Professions: toute profession d'indépendant qui lui permet de dominer les autres,
financier à haute échelle, importateur ou commerçant en diamants, en bijoux de haute classe et haut de gamme,
une position dans la haute diplomatie peut lui convenir s'il met un peu d'eau dans son vin
en général, toute situation de chef.

VIERGE
SIGNE DE TERRE ET MUTABLE
PLANETES 3 MERCURE OU CERES 14

Période : 22 août au 22 septembre.

Planète dominante : Mercure ou Cérès (Minerve)

Du 21 août au 28 août : l'influence du signe de la Vierge, de sa matérialité et de sa préoccupation d'elle-même, commence à se manifester.

Du 21 septembre au 29 septembre : la Vierge perd progressivement de ses qualités analytiques pour être davantage soumise à des impressions ou à des conclusions toute subjectives. Toutefois la logique reprend le plus souvent le dessus.

Certains ont pensé que Minerve serait associée au signe de la Vierge en raison de sa nervosité et de sa mobilité. Minerve représente une forme de sagesse froide, calculée et serait la patronne de ce que l'on appelle les sciences Appliquées.

Il y a aussi Cérès.

Et c'est vrai que la Vierge, c'est la raison froide, la lucidité une intelligence toujours en éveil.

Les personnes influencées par ce signe sont soumises à des cycles d'hyperactivité et de "farniente" et pourquoi pas de paresse.

La Vierge, ce sont des élans impulsifs ou instinctifs, des initiatives spontanées. En général, l'intelligence est maîtresse de tout raisonnement ou de toute action. Elle attire grandement la sympathie et est très accueillante et chaleureuse avec tous.

C'est un esprit vif, rapide, incisif. De là, ses propos sarcastiques ou critiques à outrance.

Encore influencée par le Lion, c'est aussi un signe autoritaire surtout s'il est matérialiste et la Vierge est de toute manière très terre à terre.

Le natif ou native de la Vierge est un profond esprit analytique car il connaît la difficulté qu'il rencontre pour s'adapter et sa volonté l'oblige à faire l'effort nécessaire pour se mettre au diapason des autres.

C'est un ami sûr, loyal, soucieux du bien être d'autrui. L'honnêteté, la droiture sont les qualités essentielles et même son âpreté aux gains n'altère en rien celles-ci.

La paresse ou la désinvolture envers les choses secondaires l'obligent à réagir par à coups de manière à se remettre à jour dans son accumulation de laisser aller. La Vierge n'est pas une passionnée et seul son jugement compte, même si elle sollicite l'avis des autres? De toute manière, elle aime avoir raison et le dernier mot.

C'est un être froid, zélé, flegmatique, énigmatique même.

Elle est très clairvoyante, sait pressentir les dangers et n'aime pas encourir de risques inutiles. Cependant, si même elle peut prendre intérêt aux autres, elle ne peut songer un seul instant que ces mêmes autres ont des problèmes. Il y a une forme certaine d'égocentrisme de sa part.

A la fois, débrouillard, audacieux et couard, soit par excès ou manque d'assurance ou de confiance en soi.

Nature peu influençable ne se fiant qu'à son libre arbitre.

La Vierge-Lion est un chef aspirant à diriger et intéressé.

L'égoïsme et l'égocentrisme sont son apanage tout comme d'ailleurs un esprit très caustique. Son énergie et son besoin d'activités sont très importants.

Analyse, auto-analyse sont ses qualités premières, mais dommage qu'il y ait animosité et jalousie à son égard.

La Vierge-Balance ne s'attache pas en profondeur aux analyses, elle est plutôt conduite par des jugements subjectifs.

Elle vit des expériences qui servent à modifier sa manière de penser. Aussi longtemps qu'une expérience n'a pas été vécue dans un domaine particulier, ses idées restent arrêtées et même bornées sur ce sujet.

Il y a néanmoins une certaine frivolité dans sa manière de s'extérioriser et de compenser ainsi une intériorisation trop intense.

L'homme-Vierge est porté au célibat. Son esprit critique le fait apparaître comme quelqu'un de très conformiste. Il aime d'ailleurs se retirer et même s'absorber entièrement dans le travail. C'est un consciencieux. Mais que d'inhibitions possibles.

La femme-Vierge est romanesque, discrète. Elle est minutieuse, attentive aux détails et n'aime pas se faire remarquer. Elle est fortement conduite par son intuition et son imagination.

Et pourtant, son profond sens matérialiste la prédestine à bien gérer les finances, les affaires et tout ce qui est de nature comptable. Elle a besoin de se rendre utile. C'est la maîtresse de maison hors ligne.

Elle est très ou trop sceptique.

L'enfant-Vierge est de nature timide et de santé délicate. C'est un élève studieux qui peut se tenir à l'écart des autres par esprit d'observation.

Il aime le travail de précision comme un horloger.

C'est d'ailleurs le mécanisme de son esprit et de son intelligence qui est comparable à une pure horlogerie.

Il faut l'encourager à faire du sport, surtout des activités d'équipes.

Le premier décan est couvert par le Soleil. La nature de la Vierge est plus timide, plus réservée. Elle s'accomplit dans le travail dont les autres tirent profit.

Tout son comportement traduit l'habileté et la générosité, même de l'exubérance. La chance est toujours de ses côtés.

Mais comme la Vierge de ce décan n'aime pas la solitude, elle a besoin des autres ou de la présence des autres et, pourtant, cette présence peut parfois l'exacerber.

Le deuxième décan est dominé par Vénus. Il y a de l'ambition, un sens pratique et une conscience professionnelle très prononcés.

La Vierge a ici un profond sens du devoir, des responsabilités et est très dominée par ce que l'argent peut lui procurer. Aussi économe que prodigue, c'est un(e) ami(e) sûr(e).

Le troisième décan se voit régi par Mercure. Le bon sens est le maître de ce décan. Mais l'intrigue, la recherche du jeu en tout, d'effets oratoires caractérisent principalement ce décan. Il y a aussi un sens profond des réalités et un esprit de droiture prononcé.

Les nombres qui se rapportent à la Vierge sont :

premier décan :	3 + 1 = 4 = (ou 14 + 1 = 15) je vous réconforte.
deuxième décan :	3 + 6 = 9 = (ou 14 + 6 = 20) Esprit de recherche et d'investigation
troisième décan :	3 + 3 = 6 = (ou 14 + 3 = 17) choix entre la droiture et le jeu.

La santé de la Vierge est sujette aux influx nerveux. Les problèmes de digestion, d'assimilation et relatifs aux intestins sont fréquents.

Il lui est recommandé des aliments en forte teneur en protéines.

Le sulfate de potassium et ses composés sont recommandables.

La vitamine B est nécessaire.

Fruits cuits, légumes cuits et céréales lui sont conseillés.

La jaspe rose, le jade, le mercure ou le vif argent, les couleurs jaune-vert ou encore le gris métallisé lui sont bénéfiques.

C'est dommage que la Vierge se préoccupe tant d'elle-même, à un point tel qu'elle se crée elle-même des inquiétudes pour des maladies ou des difficultés ou obstacles purement imaginaires. Elle devrait apprendre à ne pas jouer au médecin.

Si elle pouvait développer sa sentimentalité, elle s'en trouverait bien mieux.

Le sarcasme et la moquerie peuvent faire rire mais, attention, ne pas excéder les autres.

Les professions qui peuvent lui convenir sont :

. diététicien - pharmacien
. mathématicien
. ingénieur - aviateur
. secrétaire.

LA BALANCE
SIGNE D'AIR ET CARDINAL
PLANETE 6 VENUS ET PROSERPINE 17

Période : 23 septembre au 22 octobre.

Planète dominante : Vénus ou Proserpine ou Mélusine.

Du 21 septembre au 29 septembre : influence du signe de la Vierge, c'est-à-dire que des qualités analytiques surgissent et contrecarrent les idées toutes subjectives du signe de la Balance.

L'intuition et l'imagination prédominent souvent.

Du 31 octobre au 29 octobre, le signe du Scorpion commence à se manifester et la Balance devient alors audacieuse, insouciante, désinvolte et elle peut volontiers s'asseoir sur les principes et les scrupules.

Evidemment avoir la même planète qui gouverne deux signes pose toujours des problèmes. Souvenez-vous que Vénus gouverne le signe du Taureau.

Mais cette Vénus, matérialiste, aimant les plaisirs plus concrets n'a pas de comparaison avec la Vénus aérée, poète, artiste, qui influence le signe de la Balance. C'est pourquoi, certains ont désiré y substituer Proserpine, qui représente la beauté, la fraîcheur, l'esprit de gentillesse, de conciliation.

Il faut y voir là le souci de vouloir établir une nette distinction des deux Vénus, celle du Taureau et celle de la Balance.

Les natifs de la Balance sont émotifs et même hypersensibles. L'affection joue un rôle très important et la jalousie alors...! Même s'il n'y a pas d'amour, les personnes nées sous ce signe peuvent nourrir des sentiments envers leurs amis soit en raison de leur réussite sociale soit de leurs connaissances.

La Balance sait observer et juger les gens. Elle idéalise souvent.

En général, la Balance est de nature ardente, gaie, surtout si, le Soleil a une forte influence sinon si Saturne se trouve dans ce signe, que de mélancolie et de morosité.

Le sourire est le plus souvent rayonnant et ce visage accueillant prédispose toujours favorablement quiconque envers cette Balance. Comme elle désire beaucoup vivre en harmonie et dans un climat équilibré et bienveillant, elle est toujours à la recherche de vouloir concilier même l'inconciliable. Ce sont des négociateurs et des diplomates hors ligne.

La Balance est un signe de paix.

C'est une des raisons pour laquelle, plutôt que de discuter et d'entrer en conflit direct avec autrui, elle préfèrera attirer la sympathie, être accueillante, montrer de la docilité et de la tendresse.

Elle a besoin d'attirer les sympathies et de créer une ambiance sympathique. Mais attention, de ne pas la tromper, elle ne pardonne pas ou vraiment exceptionnellement.

Demandez-lui quoi que ce soit, elle ne refusera pas, car au départ, elle voit le bien et le beau en toute chose. C'est aussi la cause pour laquelle sa volonté est souvent mise à l'épreuve et se trouve en péril.

La Balance, quoique on en dise, peut prendre une décision, cette décision est peut-être lente à venir mais une fois qu'elle a été prise, elle devient irréversible.

Tout comme le Taureau, la Balance aime les plaisirs mais ce sont plutôt les plaisirs artistiques comme la création théâtrale, la peinture, la sculpture, et pourquoi pas le chant.

La Balance c'est un zéphir d'harmonie, d'équilibre de gentillesse de bonté, de justice.

L'homme-Balance est un bon organisateur. Il voit clair très vite en toute situation. Il sait converser et chaque mot utilisé est juste, la tonalité adaptée à ce qui doit être dit.

Il est sensible aux souffrances des autres et ce point faible altère sa volonté et, ainsi, sa confiance en soi est très souvent ébranlée.

C'est un charmeur qui sait plaire aux femmes. Il a horreur de la violence et des situations conflictuelles.

C'est un idéaliste qui peut manquer de sens pratique total.

La femme-Balance est franche, brusque, ombrageuse, et têtue.

Sa nervosité la rend souvent jalouse.

Elle est très vive dans l'action mais très difficile de s'organiser.

Très élégante, elle cherche le plus souvent à séduire. Comme elle aime le beau, la décoration, les antiquités, les arts l'attirent très fort. Elle doit avoir la possibilité de s'occuper de quelqu'un et lorsqu'elle aime vraiment, elle sait arrondir les angles.

Son intérieur est certainement un havre de paix.

L'enfant-Balance désire souvent passer pour un "petit roi". Il est indolent et a besoin d'encouragement. Il lui faut des contacts avec les autres mais en attend parfois de trop.

Douceur et non violence doivent être les qualités à observer pour l'aborder, l'élever.

Le domaine artistique ou esthétique lui est favorable.

Le premier décan est sous le symbole de l'association. La Lune, en est le maître.

La nature est courtoise, raffinée, charmeuse et nonchalante.

Les facultés artistiques et esthétiques sont très développées en raison d'une très grande sensibilité pouvant aller à de profondes méditations.

Son destin est, en général, dépendant de son entourage.

Il peut embrasser des causes perdues par souci de justice et de recherche d'harmonie.

Le deuxième décan est dominé par les sentiments et Saturne. Mais ces sentiments empreints de grandes bienveillances d'esprit humanitaire et humaniste sont soumis de temps en temps au crible de la raison et à une mélancolie cyclique souvent due à l'idée que la Balance se fait du monde et des gens et qu'elle n'arrive pas à créer l'harmonie ou le bien-être autour d'elle dans le laps de temps qu'elle s'est fixée.

C'est la personne idéale pour comprendre les autres et rapprocher les idées ou thèses opposées.

Le troisième décan est plus impersonnel car il soumet la Balance à la dépendance des autres. Jupiter est maître et Pluton commence lui aussi à faire parvenir des effets qui ne sont guère ici très favorables.

La Balance peut se retirer dans la solitude qu'elle abhorre alors que, on l'apprécie en société. Mais cette société, elle a souvent envie de la rejeter. Il y a bivalence ou bifocalité : l'amour du luxe, du paraître, de vouloir se montrer ostensiblement généreuse et celui de l'idéalisme dont la frustration cause des difficultés psychiques telles que la Balance se montre prête à accepter n'importe quoi et de vivre avec n'importe qui pour éviter toute solitude et mener un peu une politique de l'autruche, cachant sa tête pour ne plus rien voir ni entendre de laid ou de désagréable.

La Balance-Vierge n'aime pas les banalités. Elle est rapide dans ses jugements et ses appréciations. Elle expérimente elle-même et en fonction de cela, elle change de cap si nécessaire. Il y a beaucoup de stabilité et des aptitudes à brasser de grosses affaires.

La Balance-Scorpion est plus égocentrique. Il y a beaucoup de ténacité, de recherche de paraître, de briller. Il y a un esprit de vouloir avoir une "présence" et c'est pourquoi, on pourra y trouver dans ce décan, de grands médecins, officiers supérieurs, diplomates de haut niveau.

Attention à l'excès d'audace.

Les nombres qui favorisent la Balance sont :

Premier décan :	Vénus - Lune : 6 et 2 (ou 17 + 2 = 19) 6 + 2 = 8 : recherche de justice et d'harmonie.
Deuxième décan :	Vénus - Saturne : 6 et 9 (ou 17 + 9 = 26 = 2 + 6 = 8 6 + 9 = 15 : résoudre le problème de la mélancolie cyclique.
Troisième décan :	Jupiter - Mercure . 6 + 5 = 11 : le psychisme doit être surveillé et non point laissé à l'influence d'ondes médiumniques errantes. (ou 17 + 5 = 22)

Les professions possibles : artiste de théâtre
sculpteur, artiste peintre
conciliateur, diplomate, ambassadeur
conseiller social ou conseiller conjugal

LE SCORPION
SIGNE D'EAU ET FIXE
PLANETE 13 PLUTON

Période : 23 octobre au 21 novembre.

Planète dominante : Pluton. Certains parleront aussi de Mars.

Des controverses et polémiques pourront surgir dans le choix de l'une ou l'autre de ces planètes.

Je m'en tiens à Pluton, selon mon expérience de 30 années d'astrologie.

Du 21 octobre au 29 octobre, nous avons encore une influence déclinante de la Balance. L'audace, l'égoïsme, le manque de scrupules, la recherche, la domination, l'occultisme se précipitent au portail du Scorpion.

Du 20 novembre au 28 novembre nous commençons à trouver l'ampleur, le grandiose, les grandes envolées de Jupiter et du Sagittaire.

Le Scorpion est un actif, un travailleur infatigable; il va jusqu'au bout et au fond des choses.

Il y a deux types de Scorpion.

L'un est honnête, juste, droit. Il a le sens du devoir. Il est prêt à venir en aide aux autres sans en attendre le moindre retour ou remerciement. Il luttera de toutes ses forces contre toute forme d'oppression et sera du genre bâtisseur de cathédrales.

L'autre type, c'est l'action directe, dure, démagogique, destructrice. Il ne se gêne pas pour mépriser les lois et les convenances. C'est un destructeur aussi bien de lui-même que des autres.

Mais, n'analysons pas ce signe d'une manière aussi peu encourageante car, comme dans tout signe, il y a d'excellentes qualités et prédispositions et celles du Scorpion ne sont pas des moindres.

Le Scorpion est vif; il possède un magnétisme pénétrant et très influant. Il refuse l'échec et, ce faisant, il aime tirer toujours la couverture de son côté surtout si cela lui est favorable.

Pour lui, l'argent est un moyen de puissance et cela ne le gêne en rien de démonter demain ce qu'il a construit hier afin de le reconstruire d'une autre manière, un peu plus tard, ou même immédiatement après, si pas parallèlement.

Il aime rencontrer des difficultés et, en affaires ou en discussions, il considère comme un "minus "celui qui ne lui résiste pas ou ne tente pas de le faire. La lutte est pour lui un sport. C'est un élément dynamiseur.

Par contre, il peut être empreint d'une foi profonde et d'un mysticisme très prononcé. Bien employées, ces qualités peuvent faire du Scorpion un maître à penser, un grand sage, un grand religieux. Il sera un personnage dévoué aux autres et désireux d'appliquer toute méthode ou toute technique les plus modernes ou les plus extraordinaires dans les soins à donner pour soulager les malades.

De plus, il pourra être le défenseur opiniâtre des libertés.

Il recherchera les origines de tout, sachant être lui-même un anarchiste ou un révolutionnaire. C'est le type idéal pour défendre, maintenir l'intégrité des valeurs morales, des principes fondamentaux de démocratie et de libre arbitre dans le but de la stabilité et du bonheur de tous.

L Homme-Scorpion est, en général, un être tourmenté, passionné. L'invisible ou l'inconnu le passionne et l'angoisse à la fois. La mort, cette grande inconnue, le tourmente.

Comme la mort est le renouveau de la vie, l'origine de cette vie est aussi une de ses préoccupations. De là, d'ailleurs, son penchant très marqué pour tout ce qui relève du sexuel.

Il sait prendre des décisions et ne supporte pas que d'autres en prennent à sa place. Il est obstiné et est capable de bousculer tout ce qui se met au travers de son chemin.

Maîtrisant ses instincts primaires, il est capable d'être une force spirituelle importante et d'être aussi un grand créateur.

La Femme-Scorpion est possessive et jalouse.
C'est une passionnée pouvant aller jusqu'au désespoir total.
Elle est capable de subir mais fait surtout subir tout ce qu'elle veut aux autres. Refusant toute aliénation de sa liberté et toute influence d'autrui, elle est cependant disposée à être la personne la plus adorable, la plus serviable et la plus coopérative envers les êtres qui sont à la fois gentils, fermes et qui ont de la personnalité.
Dommage qu'elle soit trop souvent sa propre ennemie et que la mauvaise foi soit son arme favorite.

L'Enfant-Scorpion est un émotif et un silencieux.
Il aime la recherche de ce qui est caché. Ce qui explique son intérêt pour l'histoire, la chimie, les origines de la création ou de l'univers, etc.
Il est tenace, et, blessé, il devient un lutteur et un vengeur.
Son égocentrisme peut être grand.

Le Scorpion est influencé par la Balance du 21 au 29 octobre.
Il se laisse facilement flatter.
Il est dynamique et dévoué. Il montre beaucoup d'habileté en tout mais principalement là où il y a activité ou action.
Il aime se divertir, ce qui est artistique, mais serait souvent trop audacieux ou entreprenant.
Il est aussi un élément temporisateur dans des situations chaudes ou délicates.

Le Scorpion-Sagittaire dégage un magnétisme extraordinaire.
Il est capable en tout et peut entreprendre n'importe quoi avec des chances certaines de réussite.
Il est franc et ouvert, brutal parfois. Il voudrait être simple et est assez satisfait de lui-même. Que d'énergie! il est capable de déployer. C'est un explorateur.

Le premier décan est sous l'influence de Mars.
Le caractère du Scorpion est entier, secret, fort, obstiné.
Il est capable du meilleur et du pire.
Il est en général timide et reste jeune.

Il n'est jamais découragé. Il est soumis à de fortes pulsions sexuelles. La vie de famille sera l'élément idéal de tempérance de sa virilité ou de son excès de tempérament.

Il aime de diviser pour régner.

Le deuxième décan est plus ambigu, plus fier et plus tendre aussi.

Le Soleil y intensifie l'orgueil du Scorpion.

C'est un être sensuel, réservé qui peut être complexé ou angoissé mais qui souvent se complexe ou s'angoisse lui-même.

Ses facultés mystiques sont grandes tout autant que ses hautes qualités morales, psychiques et créatrices. Elles lui permettront de grandes choses si l'animal est dompté.

C'est un être aux extrèmes.

Le troisième décan voit Vénus y régner.

Les plaisirs seront plus cérébraux et plus recherchés.

C'est à dire moins humain. Ce sera davantage l'instinct raisonné qui sera utilisé. Ce qui n'est pas des plus charmants.

Le vice n'en serait donc pas exclu car l'instinct sexuel restera puissant.

Par son raisonnement, il pourra être mené à la sublimation où à une forme d'esclavage. Sa nature sera hautaine et il aura le sens de paraître bienveillant si la personne influencée par ce décan trouve l'équilibre dans un centre affectif heureux.

Il y a beaucoup d'énergies et aussi beaucoup de caprices selon les circonstances.

Les planètes qui régissent les décans sont :

premier décan : Pluton - Mars : 13 + 4 = 17 = 1 + 7 = 8 : accepter de se dépasser, s'harmoniser

deuxième décan : Pluton - Soleil : 13 + 1 = 14 = 1 + 4 = 5 : rejeter les bas instincts

troisième décan : Pluton - Vénus : 13 + 6 = 19 = 1 + 9 = 10 = 1 + 0 = 1 : exploiter au mieux ses qualités morales.

Les gemmes et les métalloïdes favorables au Scorpion sont le rubis ou la topaze, le fer ou tout ce qui est matière similaire, le plutonium.

La couleur est rouge mais rouge sang, foncé même, à la différence du rouge du Bélier qui est plus tendre, plus jeune, c'est un rouge de renouveau.

Souvent les personnes influencées par ce signe peuvent présenter des troubles des voies urinaires, reins, vessie et même l'anus.

Chez les femmes, les problèmes génitaux peuvent surgir. Il faut y prêter attention.

Les hommes devront faire surveiller la prostate.

Le magnésium, le sulfate de calcium, les vitamines B, C et E sont recommandées au Scorpion; le plutonium est de son usage. Il aime le Cyprès.

Scorpion ! évitez la rancoeur et luttez contre votre excès de jalousie.

Canalisez vos énergies ou apprenez à le faire auprès de personnes de haute valeur morale, car l'occultisme vous attirerait, mais mal développé ou encore utilisé à de mauvaises fins, c'est, alors pour vous, la porte ouverte à tous les excès.

Aimeriez-vous être dépravé ou faire partie du banditisme, du fanatisme destructeur?

Non n'est-ce-pas ! Alors...

La diplomatie ! savez-vous ce que c'est ?

Professions :
- Justicier
- Dictateur
- Bourreau
- Chercheur
- Proxénète
- Toute activité du domaine de la recherche médicale ou expérience de laboratoire
- Médecin et chirurgien
- Indépendant
- Prêtre par sublimation
- Géologue
- Physicien
- Psychologue et psychanalyste.

LE SAGITTAIRE
SIGNE DE FEU ET MUTABLE
PLANETE 5 JUPITER

Période : 22 novembre au 21 décembre.
Planète dominante : 5 Jupiter.

Le feu du Sagittaire est un feu qui va se mettre à couver pour passer l'hiver et se réactiver avec le Bélier de Printemps.

C'est d'ailleurs la raison aussi pourquoi il est un signe mutable. Il y a un peu un manque de stabilité. C'est à dire qu'il y a aussi bien mouvements physiques que mouvements de pensées. Ce sont ces mouvements de pensées qui donneront naissance à de nouvelles philosophies, politiques, religions.

Les mouvements physiques, ce seront les grands déplacements, les grands voyages, les grandes compétitions, le grand commerce, la haute finance etc...

Du 20 au 28 novembre, le Scorpion continuera d'influencer ce Sagittaire qui ne se sentira guère bien dans sa peau car, il voudra de plus en plus entreprendre de grandes choses mais il sera tourmenté en raison de son esprit d'ouverture et de franchise brutale et sans nuance.

Du 20 au 28 décembre, l'influence saturnienne apportera au Sagittaire plus d'intellectualité, de discipline, de profondeur et moins d'enthousiasme ou d'expansion, de jovialité.

Mais, néanmoins Jupiter a encore des velléités allant en déclinant.

Le Sagittaire est un idéaliste, moraliste possédant une grande noblesse de caractère. C'est une nature joyeuse, cordiale, accueillante.

Le Sagittaire est symbolisé par un personnage mi-homme, mi-cheval ou mi-taureau. La partie homme tire à l'arc. Alors ce symbole de l'arc et de la flèche c'est le signe pour se dirige vers le haut et non pas à l'horizontale.

Ce symbolisme "flèche" c'est aussi peut-être la créativité masculine ou la symbolisation des organes reproducteurs.

Le Sagittaire aime bien se mettre au premier plan. Ce n'est ni un égoïste ni un égocentriste, mais un "égotiste", c'est-à-dire il juge toute chose par rapport à lui-même donnant l'impression aux autres qu'il n'y a que lui qui détient la vérité.

Il aime voir grand, les grands espaces, les grands bâtiments, il y a du gigantisme en lui.

C'est un être charitable, religieux, sympathique. Il a confiance en lui, en sa valeur, de ce qu'il peut apporter aux autres.

Il est intéressé par le monde métaphysique et de là, il est capable de communiquer avec l'insolite, l'impalpable.

Chez-lui en général, règnent l'optimisme et la bonne humeur. Sans foi ni loi, c'est le criminel en puissance, surtout s'il se trouve encore sous l'influence du Scorpion.

C'est un être fait de passion aussi bien en amour qu'en idées.

L'homme-Sagittaire est chaleureux, indépendant et toujours amoureux. Il aime les horizons nouveaux et n'apprécie pas se sentir attaché trop longtemps. Il aime la famille et la société. C'est un altruiste. Cela ne l'empêche pas d'être ambitieux, sans égoïsme. Il aime aussi les choses justes, recherche l'affection des autres et est heureux de savoir que d'autres pensent à lui.

Si l'argent l'intéresse, c'est pour le gérer et non pas le thésauriser pour lui-même. La puissance pour lui ne vient pas de l'argent mais de l'exercice d'un pouvoir, qu'il soit religieux, politique, judiciaire ou autre.

C'est un excellent conseiller et un ami fidèle et loyal.

Comme il est indépendant, il fera des frasques sans que personne ne le sache ni n'en souffre.

La femme-Sagittaire est très naturelle et a bon coeur. C'est le souffle d'air frais là ou elle passe.

Elle est fière, simple et gaie à la fois.

Ce sont souvent cette simplicité, cette gaité et cette fierté qui déconcertent les esprits tordus, compliqués et complexés. Alors ce qui se passe, c'est qu'ils ne peuvent pas s'adapter à la femme Sagittaire et qu'ils la critiquent.

Sur les qualités, femme-Sagittaire et homme-Sagittaire sont très semblables.

De là, les gens qui leur en veulent parce que ils sont jaloux de ne pas être à leur image.

La femme-Sagittaire est le pilier de la famille. Elle recherche en permanence le bonheur des siens, de ses proches.

C'est une nature active, d'une grande vitalité qui a besoin d'activités physiques et d'actions.

L'enfant-Sagittaire rit toujours et déborde de vie.

Il a besoin de liberté et de grand air. Ne jamais aller à l'encontre de ses idées ou aspirations car ce serait créer un champ idéal pour faire naître l'hypocrisie. Il sera sans doute attiré par les langues étrangères qui seront pour lui à la fois un moyen de communication et de transmission.

Le Sagittaire-Scorpion est dynamisant et dynamiseur. Son magnétisme est important sur les autres.

Tout ce qu'il entreprend avec foi, honnêteté lui réussit.

Dans le cas contraire, c'est l'échec certain tôt ou tard.

La brutalité mise de côté, sa franchise et son ouverture d'esprit sont très appréciés et lui sont bénéfiques.

C'est un être énergique capable des plus grandes aventures.

Le Sagittaire-Capricorne devient moins bouillant. Il s'assagit. Il coordonne mieux ses actions, ses idées. L'intelligence profite à l'enthousiasme.

Il commence à avoir des moments de recherche, de solitude. Il remet les choses en question, veut chercher à comprendre, il investigue.

Ier décan : influence de Mercure. C'est l'intelligence débouchant sur l'esprit d'indépendance totale. Religion et amour sont les idées premières d'où la passion n'est pas exclue.

La compréhension est vive.

La sagesse, l'idéalisme donnent une forme d'originalité, de dégagement vis-à-vis des autres et, par conséquent, un ascendant sur les autres.

Grands voyages ou grandes aventures aussi bien sur le plan spirituel que sur le plan matériel constituent son idéal, mais sont difficiles à réaliser.

Le 2ème décan est influencé par la Lune.

La nature est spontanée, fraîche, enthousiaste. Mais gare aux déceptions car la blessure peut-être profonde. L'imagination est vive.

L'esprit d'aventure et la recherche de nouveautés sont grands. Toute blessure est une épreuve profitable et l'enthousiasme du Sagittaire reprend le dessus, c'est à ce moment qu'il décide de grands voyages et d'aventures.

Le 3ème décan voit Saturne. Le sens des responsabilités, le besoin de transmettre des connaissances, le fruit de ses études, de ses analyses ou investigations.

L'inspiration joue un grand rôle et le Sagittaire peut avoir ici de solides qualités prophétiques et de clairvoyance. Un message doit passer. C'est dans ce décan que l'on trouve ceux qui peuvent réaliser de grandes prouesses aussi bien sur le plan sportif qu'intellectuel. Le Sagittaire de ce décan a besoin de beaucoup d'amour et d'amitié. Il est d'ailleurs capable d'en donner beaucoup. Il excelle dans tout ce qu'il entreprend.

Les nombres et planètes de chaque décan sont :

premier décan ;	Jupiter, Mercure : soit 5 et 3
	5 + 3 = 8 ; recherche du juste milieu
deuxième décan ;	Jupiter, Lune : soit 5 et 2
	5 + 2 = 7 ; aventure, déplacements soudains
troisième décan ;	Jupiter, Saturne : soit 5 et 9
	5 + 9 = 14 ; 1 + 4 = 5 ; la grande sagesse.

La vie active est bénéfique au Sagittaire. Il doit veiller à une bonne irrigation sanguine. C'est pourquoi la marche lui est très recommandée, surtout qu'il peut souffrir des hanches et des cuisses.

Il a besoin de Fer,de Sodium et des vitamines B et C ainsi que de Silice.

Sa pierre préférée est la turquoise ou la cornaline et la couleur le bleu ciel et le violet, couleur bénéfique à souhait.

Le bronze , l'étain ou le cobalt lui conviennent bien.

Les parfums à base d'oeillet ou d'iris, tout comme ces fleurs là, l'attirent.

Ne jamais accepter de se laisser enfermer par quoi que ce soit mais éviter aussi les grandes envolées irraisonnées. La chute serait dure. Cultivez et communiquez votre enthousiasme.

Vous pouvez être le baume aux blessures et misères des autres.

Professions :

Philosophe
Religieux
Aventurier dans le sens de découvreur ou recherche de la découverte
Ethnologue
Conseiller juridique
Juge ou magistrat.

LE CAPRICORNE
SIGNE DE TERRE ET CARDINAL
PLANETE 9 SATURNE

Période : 22 décembre au 20 janvier.

Planète dominante : 9 Saturne.

Le Capricorne est assez proche du Sagittaire sur bien des plans, surtout ceux nés entre le 20 et le 28 décembre.

Mais ce qui lui manque le plus, c'est l'optimisme et l'extériorisation ou l'expansion propres au Sagittaire. Durant cette période, Jupiter, le bénéfique, laisse de moins en moins filtrer son influence. Les qualités et dons sont néanmoins très variés.

Le Capricorne essaye tout, mais pour réussir, la discipline est nécessaire. Or, comme il veut réussir, la volonté et l'effort, même coûteux, sont au rendez-vous.

Du 19 au 26 janvier, pour le Capricorne-Verseau, la logique et la profondeur de Saturne désunissent. On devient plus passif, l'ardeur et la suite dans les idées s'amenuisent. On se disperse et on aurait même tendance à ne plus faire d'effort et à nourrir des fantasmes pouvant être négatifs et même sordides.

Une passion effrénée, sans discernement, pourrait naître quel qu'en soit le domaine.

J'emprunte à Michèle Curcio, dans son dictionnaire de l'Astrologie, la description suivante :

"Ce qui caractérise, dès le premier abord, dès la premier rencontre, le natif ou la native du Capricorne, c'est son naturel. Il (elle) ne feint pas. On n'a pas l'habitude de rencontrer des gens qui soient purement et simplement naturels; on est déconcerté".

Le Capricorne est un organisateur, un dirigeant né.

S'il oublie de temps en temps de sourire, il n'est pas moins pour autant dépourvu de sentiments ou d'égards vis-à-vis des autres.

Il y a une forme de pudeur, de réserve, de timidité même pouvant aller jusqu'à éprouver de la crainte.

C'est un intuitif; il perçoit en général très bien la bonne piste, la bonne voie. Il a d'ailleurs un sens de l'orientation prodigieusement développé. C'est ce qui lui donne aussi cette grande faculté d'analyse, cette facilité qu'il a de se promener dans les méandres des situations difficiles.

C'est quelqu'un de résistant, de tenace, d'endurant.

Il aime imposer ses vues et sa volonté.

Si ses vues ne sont pas partagées, il se laisse aller au pessimisme, à la mélancolie. Il n'aime pas le conflit.

Il sait que ses idées, ses conclusions sont justes, honnêtes, et il ne peut comprendre que son sens de l'intégrité soit mis en doute.

Souvent confronté à une enfance et une jeunesse difficiles, c'est un lutteur, c'est un persévérant.

Dommage qu'il aime un peu trop souvent s'enfermer dans sa tour d'ivoire. Ce n'est pas par mépris des autres mais c'est par recherche d'une certaine forme de méditation.

Alors qu'il peut être matérialiste et rechercher les hautes fonctions lucratives, il est capable de se détacher totalement de cette même matérialité, ne voyant que les conseils, les lignes de conduite qu'il peut apporter aux autres.

Egoïste ? Peut-être !

Pour reprendre encore Michèle Curcio "Comment, Capricorne, arrivez-vous à un silence d'une telle intensité! Qu'il faut d'amour et d'affection pour vous parler!

Le Capricorne ne se sent pas l'ami d'un grand nombre.

Seul il naît, seul il vit, seul il demeure, seul il meurt".

Peut-être que comme le signe de la Vierge, autre signe de terre, n'est-il pas tellement pour le mariage et la vie de couple?

C'est un grand travailleur, d'un esprit logique implacable qui axera sa vie professionnelle vers la réussite au détriment de sa vie privée et affective.

Il n'est guère enclin à être lié à des principes, à suivre des règles bien strictes et à respecter certaines disciplines ridicules. Il respecte l'ordre, la pensée d'autrui.

Il abhorre l'injustice.

C'est un ambitieux.

C'est par l'amour, qu'autrui pourra lui porter, qu'il ou qu'elle se grandira et pourra devenir l'être le plus extraordinaire que l'on puisse rencontrer, mais...

L'Homme-Capricorne reste souvent un solitaire qui peut douter de lui-même et aussi des autres.

Il a un sens très profond des responsabilités, du devoir, de la logique.

Il dirige sa vie avec une certaine rigueur et est un travailleur acharné. Il a le sens critique, mais n'est pas caustique comme la Vierge.

Il se tait, il observe, analyse, tire des conclusions nettes, précises et judicieuses.

Si son intimité est bien conçue et réalisée, il s'épanouira, mais la partenaire, capable de l'aider en ce domaine, devra être intelligente , chaleureuse , apte à créer le dialogue, stimulante.

Ne pas oublier que le Capricorne est un timide.

La femme-Capricorne est consciente de sa valeur. Elle a besoin d'être appréciée et rassurée pour sortir d'elle-même.

Elle se domine par raison, et c'est pourtant une grande amoureuse. Elle est courageuse et compétente dans tout ce qu'elle entreprend. Elle est très sensible, affectueuse mais se laisse vite aller au découragement.

Elle ne pardonne pas facilement.

Elle aime créer et vivre dans un climat de confiance. Elle veut à tout prix éviter une vie de misère à tout point de vue. Elle est dévouée et toujours prête à rendre service.

C'est une ambitieuse qui est capable de faire passer sa carrière à l'avant plan de tout.

Si elle nourrit des sentiments de frustration, elle devient mélancolique.

Mais c'est une dure; elle relève la tête et le défi.

L'enfant-Capricorne est souvent chétif et difficile à élever dans les toute premières années.

Il atteint très vite un esprit d'une grande maturité et est toujours plus avancé que ses camarades du même âge. D'où, l'impression d'ennui qui en résulte.

C'est un excellent auto-didacte.

Il est méthodique et aime les études.

La compagnie de personnes âgées l'attire beaucoup et c'est pourquoi il faut créer le climat favorable pour qu'il ait des amis qu'il cotoie souvent.

C'est un homme ou une femme avant la lettre.

Cela peut créer de graves sentiments de frustration.

Le Capricorne-Sagittaire, c'est l'intelligence alliée à l'enthousiasme.

La cordialité sagittairienne, à ne pas frustrer, s'estompe petit à petit vers une forme de réserve, de timidité.

Il aime bouger. Il possède de nombreuses facultés d'adaptation de recherche, d'étude et même de communication.

Il peut être un prince d'état ou d'Eglise, de Religion.

Il s'astreint à une certaine discipline dans la voie qu'il s'est tracée.

Le Capricorne-Verseau est déjà enclin à s'intéresser aux autres. Mais reste encore sur sa réserve. Il est tiraillé par des fantasmes que sa raison ne peut accepter. D'où, lutte intérieure et sentiment de la peur de se dévoiler. Il peut y avoir frustration.

Il s'y maintient, même s'il donne l'impression d'en faire des détours. Il revient souvent à son idée première, à son but initial. Son système nerveux est assez fragile car il est souvent en lutte entre le désir d'action spontanée et la réserve, l'attentisme ou la recherche du moment propice.

Le Capricorne-Verseau a un courant intellectuel très puissant. Il y a de la timidité et beaucoup de fantastique. Il peut se passionner sans discernement. Il peut abandonner sans raison ce qui l'intéresse et s'adonner sans raison à l'oisiveté. Beaucoup de qualités risquent d'être mal exploitées et mises en veilleuse.

Le premier décan est sous l'influence de Jupiter.

Le caractère est ambitieux, orgueilleux, un peu tortueux. Il a le sens de la politique.

Il veut s'affirmer afin de se prouver à lui-même qu'il est une valeur sûre.

Cela peut traduire un manque de confiance en soi et aussi dans les autres.

Il est souvent en-dedans de lui-même, de ses capacités et qualités qui sont nombreuses.

Il a le sens de la justice et l'esprit d'équité. Il voit grand et large. Les choses mesquines, de détails lui sont sans importance du tout. Ce serait plutôt du mépris de sa part.

Le deuxième décan serait plus marqué par le sens des réalités, du matérialisme en raison des influences de Mars.

C'est un bourreau de travail. Il est porté aux excès en tout et surtout dans la solitude, les recherches karmiques, les vies antérieures.

Il n'a qu'un seul objectif. Ses sentiments sont puissants, réservés, peu expressifs, assez possessifs.

Il a peur de se dévoiler ou d'être dévoilé.

Il a horreur d'être manipulé ou de se sentir manipulé ou encore de subir l'influence de quelqu'un.

Toute cette peur, c'est par crainte d'être dupé, frustré dans ses idées nobles et dans sa manière naturelle d'être.

Le troisième décan est plus caractérisé par la recherche d'un idéal. Le Soleil le domine.

C'est un esprit très dévoué, très ouvert intellectuellement, à la recherche constante de la perfection. Il est conscient de sa valeur mais subit davantage son destin plutôt que d'en assurer la maîtrise.

Il aimerait dominer mais les responsabilités l'effrayent. Il a difficile à les supporter. Il sera sceptique, soupçonneux.

Il aimera l'action et la vivra lorsqu'il aura bien confiance en lui ou que l'on aura bien oeuvré pour lui donner confiance en ses moyens.

Les nombres des décans en raison de l'influence des planètes sont:

premier décan : Saturne - Jupiter : 9 et 5 ; 9 + 5 = 14 = 1 + 4 = 5
La sagesse réfléchie et bonne conseillère

deuxième décan ; Saturne - Mars , 9 et 4 ; 9 + 4 = 13 = 1 + 3 = 4
Apprendre à vaincre son moi, son intérieur
troisième décan ; Saturne - Soleil ; 9 et 1 ; 9 + 1 = 10 = 1 + 0 = 1
Valeurs intrinsèques à faire fructifier.

Le Capricorne doit rechercher l'amour et l'affection afin de développer l'optimisme et la confiance en soi.

Toute situation conflictuelle ou frustratrice l'affecte, le choque et se répercute sur son système nerveux.

Il doit éviter de caresser des idées noires pouvant aller au suicide.

Il a besoin de boire beaucoup et la vitamine E ainsi que le phosphate de calcium lui sont recommandés, son système osseux étant assez fragile, principalement les genoux et les jambes.

Les affections cutanées ne sont pas exclues, en général, d'origine nerveuses sans gravité mais très gênantes.

L'onyx ou la pierre de lune lui sont favorables tout comme la couleur bleu marine plutôt que le noir, qui est une couleur triste et fermée.

Le plomb est le métalloïde protecteur.

La plante ou son parfum est le chèvrefeuille, plante grimpante.

Vivez, riez, chantez, Capricorne !
Un petit grain de folie de temps en temps et que la vie sera belle.

Professions: Détective ou juge d'instruction
Analyste, économiste ou financier
Informaticien
Haut diplomate ou dirigeant politique
Chimiste.

LE VERSEAU SIGNE D'AIR ET FIXE PLANETES DOMINANTES 7 URANUS - 9 SATURNE

Période : 21 janvier au 19 février.
Planètes dominantes 7 Uranus et 9 Saturne.

On entre ici dans un signe plus éthérique, plus difficile à cerner.
La solitude, la mélancolie, la brusquerie, les grandes envolées lyriques, les grands égarements, le grand pessimisme, tout est contraste et sans mesure. C'est un peu le genre tout ou rien.
Ou je m'exprime, je m'éclate ou je me tais, je me renferme.
J'écoute et je participe quand j 'ai envie.

Du 21 au 26 janvier, Saturne domine et freine toute vélléité d'expansion, de sentiments. On rechercherait plus ce qui a trait à la mort.

Du 18 au 22 février, Neptune, le nébuleux, le fluidique, l'anguille rend le Verseau très versatile. Il se laisse mener par le premier qui le prend par les sentiments.
La raison s'estompe, s'efface. On se laisse ballotter par les flots.

Le Verseau est timide, modeste et est aussi un solitaire.
Il est néanmoins assez ouvert aux autres, plus dévoué.
Il aime s'entourer d'amis et donner son amitié. Elle n'est pas toujours sincère mais elle sait être très chaleureuse.
Le Verseau est un peu tracassier, casanier. Il est doté d'une bonne intelligence qui est vive à ses heures.
Il a beaucoup d'intuition et est profond dans ses sentiments.
L'amour revêt une grande importance.
Il peut être extrémiste en tout.

Il peut tout autant haïr qu'aimer.
C'est un inconscient.

Le Verseau a en général l'humeur tranquille, douce; il cherche l'harmonie et c'est ainsi qu'il est souvent empreint de douceur et de gentillesse.

Il aime soulager les autres car il s'intéresse très fort à l'humanité et aux problèmes humains.

Son intuition est très grande et il aime innover.

C'est toutefois un individualiste qui a beaucoup d'idées et qui a horreur du mensonge.

C'est le bon samaritain.

Attention que si l'harmonie n'existe pas dans sa vie et qu'on l'empêche de la créer, il est capable de mener une vie de reclus et de se retirer au couvent; c'est le porteur d'eau.

Là, ses idéaux et envolées spirituelles pourraient avoir entièrement libre cours.

C'est aussi le défenseur des pauvres et des orphelins.

Beaucoup de dévouement même aux causes perdues d'avance.

Dommage qu'il ne soit pas plus audacieux.

Cela est dû à un esprit un peu borné et parfois étroit, oubliant de prendre l'angle d'ouverture de l'objectif nécessaire à la vue de qualité.

Le matériel ne l'intéresse guère.

L'homme-Verseau est paradoxal; il a des idées, des attitudes contradictoires. Il est insaisissable. Et pourtant...

L'homme Verseau est une permanente dualité :

- chaleureux	- froid
- altruiste	- détaché
- charmant	- déroutant
- humoriste	- taciturne
- novateur	- conservateur

Pas facile de concilier tout cela.

Une femme avec un ascendant Lion ou encore avec une bonne influence léonienne sera capable de galvaniser le Verseau dans le bon sens. Alors, ensemble, ils feront de très grandes choses.

L'homme-Verseau peut être étourdi. Il a un esprit scientifique mais est surtout attiré par la philosophie.

C'est un peu un rêveur.

La femme-Verseau est curieuse, anti-conformiste.

Elle dit et fait ce qu'il lui plaît sans souci de considération pour autrui. D'où, cette espèce de provocation dont elle fait preuve.

Elle aime les êtres non pas pour ce qu'ils sont mais pour ce qu'elle voudrait qu'ils soient ou pour ce qu'elle croit qu'ils pourraient être.

Elle est capable des extrêmes.

Elle peut être séductrice, allumeuse et refuser l'amour tout comme elle se donnera à fond dans un amour qu'elle idéalisera.

C'est une sentimentale romanesque; d'où, des relations amoureuses qui se nouent et se dénouent facilement.

Elle peut être égoïste et asociable et, dans ce dernier cas, son insociabilité la rend désagréable et les portes se ferment devant elle.

C'est un caractère étrange, fantastique mais combien généreux, sensible, dévoué.

Se dévouer, voilà bien la femme - Verseau.

Mais elle pourrait apparaître comme une dominatrice, un être dont on ne peut se passer. C'est à dire que l'on se laisse prendre dans ses rêts.

Cela peut être agréable.

L'enfant-Verseau est un inventeur en puissance. Il aime apprendre, poser des questions, recevoir des explications.

Il est marginal par rapport aux autres en raison de son sens de la contradiction qu'il aime pousser assez loin.

C'est souvent un révolté ou un mal adapté en raison de son indépendance farouche.

Tout ce qui est aérien, hertzien, des ondes l'intéresse.

Le Verseau-Capricorne sait développer l'intérêt à porter aux autres. Il est fantasque et ses fantasmes sont mal maîtrisés alors qu'il est capable de venir à bout de toute autre situation difficile.

S'il défend souvent des idées dépourvues de logique c'est parce qu'il ne désire pas les approfondir au préalable.

Il est souvent enclin à nourrir des sentiments de frustration surtout s'il manque de résultats favorables dans ce qu'il entreprend ou dans ce qu'il a entrepris.

Alors, la neurasthénie n'est pas loin.

Le Verseau-Poissons est très versatile.

Il est cependant patient. Il est populaire.

Il est influençable et est estimé par les autres.

Il sait mélanger prudence et habileté.

L'amertume de la non réussite l'afflige beaucoup et il le supporte mal.

Ier décan; régi par Vénus.

C'est l'esprit d'invention. Il aime la beauté et a le sens de la forme. La personnalité est originale et peut être très forte. L'esprit est indépendant et le coeur généreux.

Ses sentiments sont vulnérables. La mort le préoccupe.

Ses intentions sont toujours bonnes. Le matériel l'intéresse peu.

2e décan voit les influences de Mercure.

La vie intellectuelle est intense.

La pensée est libre, ouverte à tout. On ne trouve aucune trace d'apriorisme. C'est quelqu'un de facile à vivre, communicatif. L'avant-gardisme est attrayant.

Ce décan est propice aux réformes, à tout ce qui touche aux sciences dites "occultes", ésotériques, par esprit de recherche.

Dans ce décan, le Verseau ne se sent pas bien sur terre.

Il est très influencé par son entourage tout autant en bien qu'en mal. Evidemment, ses facultés de discernement et de perceptions intuitives sont passées au crible de son intelligence.

Le 3e décan reçoit les influences de la Lune.

Le sens créateur développé est dû à un grand pouvoir intuitif.

Il y a beaucoup de clairvoyance et la Muse n'est pas exclue des oeuvres poétiques en particulier sinon artistiques.

Le Verseau est ici doué de préscience, il est réceptif.

Il est cependant sujet à des rêves stériles.

Il subit fortement l'influence du mariage ou de l'amour qui peuvent être déchirant, déséquilibrant ou enrichissant.

Il pêche par sensibilité.

Les nombres du Verseau sont:

premier décan :	Uranus, Vénus ; 7 et 6 ; 7 + 6 = 13 ou 1 + 3 = 4 Préoccupé par la mort, ou encore: dominer, régir
deuxième décan :	Uranus, Mercure ; 7 et 3 ; 7 + 3 = 10 ; 1 + 0 =1 Intelligence innée
troisième décan :	Uranus, Lune ; 7 et 2 ; 7 + 2 = 9 Besoin de voir clair, dons d'analyse.
ou :	
premier décan :	Saturne, Venus ; 9 et 6 ; 9 + 6 = 15 préoccupations karmiques ou 1 + 5 = 6 : amour avant tout
deuxième décan :	Saturne, Mercure ; 9 et 3 ; 9 + 3 = 12 Etat intuitif opposé au décryptage intellectuel ou 1 + 2 = 3 : intelligence
troisième décan :	Saturne, Lune ; 9 et 2 ; 9 + 2 = 11 La médiumnité en préoccupation primaire, ou encore la clair-voyance.

Le Verseau a besoin de beaucoup de mouvements.

Il doit éviter de remettre au lendemain ce qu'il peut faire immédiatement.

Les influences cosmiques sont d'une grande importance pour le Verseau. C'est pourquoi, il lui est conseillé d'en tenir compte.

Ses propos ont soit un peu de retard soit un temps d'avance.

Donc, il doit veiller à être un peu plus les pieds sur terre.

Il doit soigner sa circulation sanguine surtout dans les jambes et surtout éviter de s'auto-suggestionner. Les chevilles peuvent être fragiles.

Le chlorure de sodium et les vitamines C et E lui sont recommandables.

L'améthyste, la turquoise, le saphir et la couleur bleu ciel ou le violet lui sont très favorables.

Le platine, le radium ou l'uranium lui sont bénéfiques.
Le muguet convient très bien comme parfum,

Professions : Electricien, mécanicien, électronicien
Astrologue
Sociologue, radiologue
Astronaute
Peintre ou musicien.

POISSONS SIGNE D'EAU ET MUTABLE PLANETES DOMINANTES 11 NEPTUNE ET 5 JUPITER

Période : 20 février au 20 mars.
Planètes dominantes : 11 Neptune et 5 Jupiter.

Le dernier signe du Zodiaque.
La purification dernière de l'eau avant le renouveau du printemps. Cette eau qui sera nécessaire à l'éclosion par le transport en terre des nourritures nécessaires et leur transformations biochimiques.

Les Poissons sont sensuels mais ils se refoulent souvent et très souvent même. Ils ont peur d'eux-même.

Du 18 février au 26 février, Jupiter guide les pas des Poissons qui sont encore très versatiles.

Du 11 au 20 mars, par contre, Saturne et Mars bouleversent très fort les Poissons et peuvent en faire des fous ou des illuminés.

Le natif ou la native des Poissons change brusquement d'humeur. Sa sensibilité est grande et les perceptions de l'invisible sont développées grâce à de grandes facultés de médiumnité.
C'est souvent le mysticisme ou une forme similaire qui domine. Mal canalisé, cela peut produire des dévouements et, alors, les euphorisants, les drogues alimenteront un état irréel et désespérant où il sera très difficile de trouver des remèdes ou des solutions.

Les Poissons sont réceptifs, sympathiques, cordiaux et empreints de bonté.

Le tempérament est toutefois lymphatique, ce qui les empêche de faire preuve de courage.

Ce sont des êtres vite fatigués qui entretiennent une forme de paresse, d'oisiveté.

La foule ou les contacts avec les autres sont mal perçus et épuisants. Ils sont souvent indécis. Ils se préoccupent beaucoup des misères des autres mais cela ne se traduit guère en actes.

Ce sont plutôt ce que l'on pourrait appeler des larmes de crocodile.

Les Poissons ont cependant un certain esprit de dévouement surtout s'ils sont affectueusement entourés et qu'ils peuvent s'appuyer sur une compagne ou un compagnon à forte personnalité.

La chance est de leur côté. Evidemment, Jupiter est là.

Ils se prennent souvent pour des incompris ou des martyrs.

Ils sont inconscients, insouciants.

Mener leur vie eux-même leur est assez difficile.

La fuite pour eux est un refuge, l'évasion est un royaume et la facture est payée par les autres.

C'est sans méchanceté mais aussi sans réflexion.

Ils sont candides.

Cette candeur qui peut apparaître naïve peut aussi cacher une certaine malhonnêteté.

En affaires, ce sont souvent des serpents.

L'Homme-Poissons est secret, mystérieux.

L'utopie est son domaine. Il vit au jour le jour.

Prendre des décisions, cela l'accable.

Il n'aime pas être seul. Souvent, il se sent vampirisé.

Il est très influencé par son entourage et possède peu le sens pratique.

Il dupera facilement les autres car il aimera bluffer, paraître très différent de ce qu'il est ou de ce qu'il représente ou encore de ce qu'il possède.

Ce sera l'être le plus dissipé ou le plus vertueux, le plus charnel ou le plus mystique.

La Femme-Poissons est douce, facile à vivre. Elle a du charme. Elle est romanesque, rêveuse. C'est une femme-enfant. Elle doit être protégée.

Son imagination est fertile et son psychisme est très intense.

Elle est capricieuse. Elle idolâtre ce qu'elle aime.

Son orgueil et sa coquetterie sont à l'image de sa sensibilité. Son amour pourrait être mystique et elle pourrait entrer en religion tout comme l'Homme-Poissons d'ailleurs.

L'enfant-Poissons est très adaptable et très influençable.

Il manque de volonté.

Il vit dans un monde qui lui est propre.

Il préfère s'échapper à la réalité.

Il faut suivre son éducation avec beaucoup d'indulgence et de compréhension. Il ne faut pas qu'il ait tendance à se prendre pour un martyr.

Il est doué de voyance et de perception de l'imaginaire.

Il est attiré par les choses religieuses ou tout ce qui touche à ce qui est bon pour la vie. Il veut soulager.

Le Poissons-Verseau peut accumuler des amertumes. Il est patient, prudent, habile. Il se tire, en général, facilement de toute situation. Il est estimé d'autrui.

Ce seront soit des gens destinés à des emplois subalternes ou aptes à remplir des emplois de fonctionnaires.

Le Poissons-Bélier est sollicité par un certain dynamisme lequel est freiné par un excès de prudence ou de prévoyance.

Il n'aime pas les actions précipitées. Il aura l'esprit combatif si le terrain sur lequel il se meut est stable.

Il cherchera à développer des idées nouvelles à condition que le développement en soit immédiatement tangible.

Le 1er décan subit une influence Saturnienne.

Il y a de la difficulté a vivre sa sensibilité psychique ou mystique. L'anxiété peut en résulter. Dommage, le manque d'ambition.

On manque de tout sens de la perfection alors que l'on y est poussé. La nature est cependant très réceptive.

Le 2e décan apporte dévouement.

Jupiter apporte plus d'équilibre à l'instabilité et permet un meilleur épanouissement, donne le sens de l'hospitalité.

C'est le décan de la bienfaisance.

La nature est cependant fragile et vulnérable.

L'oubli de soi peut être dangereux.

Le 3e décan, c'est l'évolution.

Mars pointe à l'horizon avec ses effets mais la volonté est encore faible.

Il peut être source de morbidité en raison d'une recherche de vie dans un monde irréel et invisible.

Il y a beaucoup de tourments dans les pensées. Il aimera chercher l'absolu et la vérité. Il sera secret.

Attention à l'auto-destruction.

Les nombres du 1er décan sont en fonction de Neptune, Saturne
11 et 9 ; 11 + 9 = 20 = 2 = Réceptivité
Les nombres du 2e décan régi par Neptune, Jupiter sont;
11 et 5 ; 11 + 5 = 16 ; 1 + 6 = 7 ou meilleure maitrise.
Les nombres du 3e écan influencé par Neptune et Mars sont;
11 et 4 ; 11 + 4 = 15 Le Karma dans toute sa recherche et son influence.
ou,
1er décan ; Jupiter et Saturne; 5 et 9 ; 5 + 9 = 14 ; je cherche à créer.
1 + 4 = 5 = La sagesse doit l'emporter.
2e décan ; Jupiter et Jupiter; 5 et 5 ; 5 + 5 = 10 ; 1 + 0 = 1
Je vous donne tout.
3e décan ; Jupiter et Mars; 5 et 4 ; 5 + 4 = 9
Nature secrète recherchant l'impossible.

Les Poissons devraient développer plus d'énergie et avoir davantage les pieds sur terre; mais les pieds sont leur point faible.

Ils doivent s'astreindre à éviter le laisser-aller, l'anxiété. La nymphomanie peut les guetter.

Ce sont des sujets idéaux pour l'hypnotisme et le spiritisme.

Attention de ne point s'y laisser engager. Ce serait la pire des choses pour l'esprit fragile des Poissons.

La recherche des amitiés et l'entretien de bonnes relations sont une source énorme de réconfort. C'est une jouvence.

Le phosphate de fer est recommandé; ainsi que les algues marines.

L'algue-marine, le platine ou les alliages à base de platine ainsi que les couleurs turquoise ou les tons d'eau sont bénéfiques.

La violette est sa fleur tout comme son parfum.

Professions : Artiste
Poète
Peintre
Commerçant.

SYNTHESE DES ELEMENTS INFLUENCANT LES SIGNES

Signes	Planètes	Nombres	Couleurs	Pierres	Métaux
Bélier	Mars	4	Rouge écarlate	Améthyste, Rubis	Fer, phosphate de potassium
Taureau	Vénus	6	Vert clair, prairie	Corail, saphir, émeraude	Cuivre jaune, Sulfate de soude
Gémaux	Mercure	3	Gris rayé d'argent, d'or	Agathe, béryl, jaspe, topaze	Mercure, chlorure de potassium
Cancer	Lune	2	Blanc argenté, nacre	Cristal, opale, Pierre de lune	Argent, iode, fluor
Lion	Soleil	1	Or, jaune éclatant, fauve	Pierre de Soleil, citrine, diamant	Or, phosphate de magnésium

Signes	Planètes	Nombres	Couleurs	Pierres	Métaux
Vierge	Mercure Cérès	3 14	Gris métal-lisé, jaune-vert	Agathe jaspe rose, jade	Mercure, sulfate de potassium
Balance	Vénus Proserpine	6 17	Vert pastel	Emeraude	Cuivre rouge
Scorpion	Pluton	13	Rouge sang, rouge foncé.	Rubis, Topase	Plutonium fer, magné-sium, sul-fate de calcium
Sagittaire	Jupiter	5	Bleu cobalt, violet	Turquoise, améthyste	Bronze,co-balt,sodium, silice
Capricorne	Saturne	9	Noir,brun foncé, bleu marine	Onyx, pierre de lune, jais	Plomb
Verseau	Uranus Saturne	7 9	Bleu-ciel, bleu, violet	Améthyste, saphir	Uranium, radium, platine, chlorure de sodium
Poissons	Neptune Jupiter	11 5	Turquoise	Aigue marine	Platine ou alliage de platine

LES TAROTS

Souvent dans des conférences, j'ai mentionné que le Tarot était le plus vieux moyen de communication du monde.

Mais il est bien plus encore.

Le Tarot est le film de toute vie humaine.

C'est un outil incommensurable de méditation de la vie et sur la vie.

Il fascine le plus souvent.

Mais quelle est son origine? Pour Court de Gebelin en 1781, c'est "ce Livre Egyptien, seul reste de leurs superbes bibliothèques (Alexandrie)".

Certains y auraient vu une analogie avec des panneaux de peintures hiéroglyphiques de pyramides et de celle de Memphis en particulier.

Selon Eliphas Lévi, ils sont venus à la connaissance par la science des hiéroglyphes et des nombres. C'est ce qui aurait frappé et poussé Court de Gebelin à son étude et à le mettre en valeur.

Certains prétendront que ce fût un livre Kabbalistique car le Tarot aurait d'abord été l'expression des dix Sephiroth de la Kabbale et puis par après, il aurait été rattaché aux 22 lettres de l'Alphabet Sacré des hébreux.

Pour reprendre encore Eliphas Lévi, de son vrai nom l'abbé Constant, il dit que "le Tarot est un ouvrage monumental et singulier, simple et fort comme l'architecture des pyramides, durable par conséquent comme elles.

Il résume toutes les sciences et ses combinaisons infinies peuvent résoudre tous les problèmes. C'est une loterie de pensées toutes rigoureusement justes comme les nombres. C'est ce que le génie humain a peut-être jamais conçu de plus simple et de plus grand à la fois."

Pour connaître et comprendre les Tarots, il faut en saisir tout le symbolisme. C'est un travail long, difficile où chacun doit faire preuve d'un esprit d'investigation, de recherche afin de pénétrer profondément dans les arcanes ou méandres des éléments symbolisés soit par le dessin, soit par la couleur soit encore par l'ensemble de la présentation et des formes représentées aussi bien que des objets.

Enfin, toute chose doit être observée dans chacune des lames du Tarot afin de comprendre et de sentir le symbolisme. Bien sûr, le symbolisme ne s'accorde guère avec le positivisme ou le cartésianisme mais tout qui parle émet une forme de symbole.

Lorsque nous avons commencé à aller à l'école, on nous a appris des dessins, on nous a demandé de dessiner notre maison, un animal et autre.

D'autre part,on nous a appris les lettres et les chiffres. Ce sont des formes de symbolisation pour nous permettre de lire, d'écrire et de communiquer.

Le Tarot, c'est la même chose, c'est une communication à un niveau plus élevé où le spirituel prend une très large part.

Mon but n'est nullement de présenter un cours de Tarot. Aussi, je me contenterai de décrire chacune des 22 lames d'une manière assez synthétisée.

Pour ceux que cela intéresse, je les invite à consulter de nombreux ouvrages excellents qui leur permettront de mieux approfondir la signification de ces lames.

Pourquoi parler des Tarots ?

Parce que chaque lame correspond non seulement à une lettre hébraïque mais également à chacun des 22 nombres de la Doctrine Sacrée.

ARCANE 1 LE BATELEUR

Nombre : 1
Lettre Hébraïque : Aleph
Lettre Française : A
Lettre Grecque : Alpha

Tout, dans cette lame, démontre l'origine, la naissance, le départ, le commencement.

Le personnage est une jeune personne à qui on met à sa disposition un tas de potentialités. A lui d'apprendre et de pouvoir les exploiter.

Son chapeau en forme de signe mathématique représentant l'infini a une profonde signification car il témoigne de l'étendue sans limite de ces potentialités dans les différents mondes ou plans: le spirituel, le matériel, le sentimental, l'action.

La table n'a que trois pieds, elle semble tenir en équilibre. Or, nous savons ce que peut représenter le chiffre 3; cela a été expliqué dans les chapitres précédents.

Le bâton est dirigé vers le ciel et le sol. La couleur bleue et la couleur rouge sont en embouts. Le bleu, on se tourne en recherche du spirituel; le rouge, c'est le matériel et l'action qui sont en jeu.

Sur la table se trouvent un denier, signe d'argent, désir bassement matériel, une coupe peut symboliser le calice ce qui est un signe d'amour, tandis que l'épée représente l'effort, la lutte qu'il faudra mener pour se réaliser.

Donc, tout est mis à la disposition de ce Bateleur. A lui de pouvoir en tirer parti.

Cela présuppose donc une certaine forme d'intelligence, de l'astuce, de l'habileté et de la perspicacité.

Il sera important de pouvoir comprendre, concevoir et émettre des idées, c'est-à-dire, il sera nécessaire d'avoir un idéal, de créer.

La volonté sera au premier plan dans l'effort de création, de génération de quelque chose en bien ou en mal.

Il faudra donc observer, étudier, réfléchir.

Mais rien ne pourra être maîtrisé si la puissance de l'âme fait défaut.

Il apparaît évident dans le facies du bateleur qu'il désire avoir du charme, d'être affable et que c'est par la douceur qu'il sera à même de réaliser son idéal dans un esprit humaniste.

C'est pourquoi, il est à l'écoute, par conséquent poli et généreux envers les autres. Il est une richesse en potentiel quel qu' en soit le plan.

Il est capable d'être un homme universel.

Mais toutes ces potentialités peuvent être abusées, mal exploitées.

La ruse, la vanité, la prétention, la superficialité des sentiments et des idées en feront alors un être abject, roublard, menteur, hypocrite.

Le Bateleur, c'est la jeunesse dans sa pureté première, la volonté de l'esprit créatif.

On y trouve les qualités du génie, du diplomate de haut rang, d'hommes d'affaires habiles, clairvoyants, c'est-à-dire toute profession ou rôle à jouer dans la société et dans le microcosme du Cosmos où les qualités évoquées doivent être utilisées.

N'oublions pas que ce Bateleur sera aussi un grand illusionniste, il pourra jeter de la poudre aux yeux.

Il ne se gênera pas pour être un anarchiste ou un révolutionnaire. Les scrupules et lui sont deux choses totalement distinctes et incompatibles.

Ce sera le parfait type de l'escroc, de l'arriviste.

Terminons sur la note plus optimiste que le Bateleur pourrait être un Mage.

ARCANE II LA PAPESSE

Nombre : 2
Lettre Hébraïque : Beth
Lettre Française : B
Lettre Grecque : Bêta

L'exubérance, l'impulsivité du Bateleur doivent être contrôlées.

Pour ce faire, il y a lieu d'apprendre, de réfléchir, de méditer.

C'est pourquoi, la Papesse tient un livre entre ses mains. Il est fermé. Elle a lu. Elle réfléchit, elle médite.

Elle est très empreinte de spiritualité car le velum derrière elle est de couleur bleu-ciel, symbole de haute spiritualité.

La Papesse, c'est un peu le symbole de la Vie, de la Femme, sans laquelle aucune vie humaine n'existerait ou ne se développerait.

Son visage est calme, bienveillant. Il y a une forme d'acceptation, mais il y a aussi un apport de sagesse dans la manière dont on doit créer ou on doit se développer. Rien ne sert d'aller vite.

Il faut apprendre à percevoir ce qui n'est pas clairement dit ou écrit. Il faut savoir sentir ou pouvoir le faire.

La Papesse ne donne pas la lumière, elle la réfléchit; donc c'est une lumière indirecte, elle éclaire les ténèbres et crée la pénombre ou subtilité de l'esprit. Cette subtilité représente la manière et la voie à suivre pour sentir l'insaisissable, l'impalpable, le subconscient par rapport au conscient.

La Papesse c'est la mère apaisante, le refuge généreux et de dernier ressort. Elle est toujours là, présente sans jamais refuser sa générosité, son amour.

Elle régénère non pas de manière violente, comme peut le faire le Bateleur ou l'Empereur ou encore le Pape, mais en finesse en douceur.

C'est son magnétisme qui se transmet avec calme et sérénité. Serait-elle mystérieuse ? Peut-être ! Mais ce mystère s'il existe aux yeux de ceux qui ne peuvent le ressentir est une source de richesse pour l'âme.

Ecoutes en silence en méditant sur la Papesse et en symbiose avec elle et tu trouveras ta voie.

En plus du livre de la sagesse qu'elle tient à la main droite, la Papesse a dans la main gauche une clé. Or, cette clé n'est-ce pas la symbolisation que l'on doit ouvrir quelque chose et ce quelque chose ne peut être que l'esprit, la conscience, la recherche du suprême savoir.

La Papesse fait réfléchir et évite de se lancer tête baissée dans des pensées anticonformistes, amorales. Elle permet de juger ce qui est bien ou mal.

Elle sert d'inhibiteur dans des actes ou pensées qui ne seraient pas en accord avec sa conscience.

Il y a un caractère religieux, dans le sens large du terme, dans ce remarquable arcane.

Pourquoi n'y verrait-on pas un certain caractère métaphysique ? Il faut éliminer le doute et toute idée de vouloir influencer autrui.

On lui apporte une tranquillité d'esprit pour voir sainement.

Il y a là une extrême bienveillance et une générosité de coeur où la tendresse se lie à l'affection envers les autres.

La Papesse veut apporter un soutien moral, elle pourrait être sentencieuse. Mais elle sera nette dans ses opinions et, par là, elle pourra faire preuve d'une certaine autorité surtout sur le plan moral.

Elle manifeste de la patience, un silence méditatif et générateur par sa réserve, sa discrétion. Elle sera résignée si le bien d'autrui est en jeu allant même à adopter une attitude effacée de manière à mieux faire percevoir la face cachée et positive des choses. Son inertie sera sans doute exacerbante parce qu'elle obligera à réfléchir.

Par contre, vu sur un plan moins constructif, la Papesse donnera des signes d'un mysticisme frisant le bigotisme. Ses intentions ne seront pas toujours pures et pour les dissimuler elle n'hésitera pas à caresser l'hypocrisie. Ses rancunes seront dures et l'indifférence totale sera marquante pouvant aller jusqu'à une certaine forme d'hostilité.

Elle attendra par paresse et ne se livrera à aucune action.

Son aide, en ces cas, sera pure illusion.

ARCANE III L'IMPERATRICE

Nombre :3
Lettre Hébraîque : Ghimel
Lettre Française : G
Lettre Grecque : Gamma

L'Impératrice, c'est l'Hermès ou le Mercure du Tarot.

L'intelligence domine, il y a une forme de cartésianisme mêlé à un sens de la perception, de l'intuition.

Il y a une forme d'harmonie dans la domination, qu'elle soit spirituelle, intellectuelle ou dans l'action. C'est du constructif, du raisonné.

Son sceptre est un symbole de puissance, mais pas nécessairement une puissance matérielle ou pour dominer les biens de ce monde.

Le lys, à sa gauche, témoigne de sa pureté de pensée, d'une forme de virginité. Elle ne fait guère place à l'imagination stérile, car son pied gauche domine un croissant de lune alors qu'autour de sa tête le cercle apparaît, symbole de la création, du Cosmos. Dans ce cercle, y a 12 étoiles, dont 4 sont cachées par sa tête. Ces douze étoiles ne seraient-elles pas la symbolisation des 12 parties de la Table d'Emeraude d'Hermès Trismégiste. (Voir à ce sujet le chapitre sur les particularités de quelques nombres).

Son visage est doux, ses yeux sont investigateurs. Elle nous dit: "Je vous attends, j'ai des choses à vous enseigner, à vous expliquer .

Voulez-vous apprendre ? Je le ferai fermement, logiquement, en douceur mais je n'accepterai pas que vous doutiez de moi.

Je vous polirai et je vous apprendrai à développer et à maîtriser les forces qui sont en vous sur le plan intellectuel.

Acceptez mon aide et je vous mènerai dans les profondeurs de la grande connaissance".

L'intelligence alliée à la vivacité de compréhension donnera naissance à la concrétisation d'un idéal et à la faculté d'exprimer ce qu'on ressent et qu'on a du mal à formuler.

Toute chose est passée au crible du raisonnement, on décortique, on analyse, on synthétise et on réalise.

Voilà la voie que montre l'Impératrice.

Il faut savoir observer, le fruit de cette observation doit se traduire dans l'étude pour avoir les éclaircissements indispensables et les règles à suivre.

Ces règles ne doivent pas être apprises par coeur, elles doivent être le fruit de l'amalgame de l'étude et du raisonnement sans pour autant faire taire toute intuition ou imagination.

La générosité est grande, l'apport de richesse également pour celui ou celle qui le comprend. Il n'y a aucune brusquerie dans l'Impératrice.

C'est un peu la fraîcheur juvénile de la jeune fille pure et enthousiaste. Elle est prête à créer quelque chose ou elle y mettra son corps, son âme, son intelligence. De là, son charme et son affabilité qui désarme et donne de la force tout à la fois.

C'est une femme de bon commerce. Elle a un message à faire passer, peu importe par quel moyen, mais ce moyen sera toujours sain et enrichissant. Elle fera avancer l'humanité et sa civilisation.

Par contre, une trop grande conscience de ses possibilités et de ses pouvoirs l'entraîneront vers des abîmes où la prétention dominera, la recherche des richesses matérielles, sans égard vis-à-vis des autres.

Elle ne vivra que par la flatterie qui satisfera sa grande vanité. Elle pourra se dissimuler sous les aspects de la belle coquette qui ne vit que de frivolités.

Nous pourrions donc trouver sous son influence des personnes attirées par le commerce, tout moyen de communication, mue par une créativité certaine touchant aux arts, au théâtre, au cinéma où à la mode.

ARCANE IV L'EMPEREUR

Nombre : 4
Lettre Mébraïque : Daleth
Lettre Française : D
Lettre Grecque : Delta

"J'y suis, j'y reste."
Je domine après avoir conquis.
J'ai voulu le pouvoir et je l'ai eu et je suis devenu inébranlable"

Avant tout cela, l'Empereur a dû faire preuve d'autorité.

Il a dû entreprendre, mener l'action là où il le voulait et comme il le voulait, sans beaucoup se soucier des autres.

Il y a une forme d'égoïsme dans la recherche de la domination.

Et pourtant, il est le plus souvent animé par un désir de justice, pas une justice des lois, mais celle qui est liée au devoir, au respect du droit naturel.

Il domine tout ce qui est matériel. L'intellectuel ne le guide que lorsque son impétuosité a été contrecarrée. C'est l'action d'abord.

Evidemment, ce type d'attitude est le plus souvent payant, mais malheureusement, il peut aussi entraîner des heurts, des inimitiés et de la casse.

Une chose guide l'Empereur parmi d'autres tout aussi inhumaine en apparence, c'est la volonté inflexible. Cette volonté est la conséquence du sens profond du devoir.

L'Empereur représente aussi la force tranquille, la stabilité et cette attitude ne peut s'appuyer que sur une certaine rigueur, une certaine fermeté.

Il veut être pratique, donc empreint de positivisme.

Il sera à la fois calculateur et raisonneur toujours dans le but d'asseoir sa puissance. Il peut faire preuve d'une générosité très grande, à partir du moment où il est assuré que rien ne peut plus l'atteindre ou ébranler son autorité.

C'est le meneur qui n'admet guère qu'on lui résiste.

Il ne se laissera convaincre que par des arguments structurés et irréfutables.

C'est un constructeur, un bâtisseur et, par conséquent, tout ce qui est mathématique ou scientifique l'intéresse, et il y trouve des applications.

Il aime les gens qui sont à sa dévotion et, à ceux là, il apporte une protection sans bornes.

Si l'intelligence fait défaut et que le côté dominateur est davantage marqué, alors l'Empereur sera du type entêté, tyrannique. Lui seul aura raison et il n'acceptera aucun avis d'autrui, aucune discussion ne sera possible. C'est le parfait type du dictateur qui n'est pas en mesure de communiquer et d'admettre les points de vue et les idées ou conceptions philosophiques des autres par manque d'assurance, de confiance en soi et d'intelligence.

Un despote est toujours bête par une forme d'absolutisme et de vues des plus étroites des Hommes et du Monde.

Bien souvent, ce genre de personnage ne s'aime pas lui-même et, forcément, il ne peut aimer ses semblables.

C'est aussi le type de rouleau compresseur auquel rien ne résiste et dont toute considération humaine ou autre est exclue.

Moi d'abord, et peut-être les autres ensuite.

ARCANE V LE PAPE

Nombre : 5
Lettre Hébraïque : Hé
Lettre Française : E
Lettre Grecque : Epsilon

Le Commandeur de la sagesse.

Il y a une relation étroite entre la sagesse de la Papesse et la sagesse du Pape. L'une est plus douce, plus aimante, plus sensible tandis que l'autre est plus dirigée, plus dogmatique, plus moraliste.

Il est le chef suprême, le guide spirituel, le conseiller.

C'est lui qui détient la clé du suprême Savoir.

Son enseignement est philosophique et son rôle est de ranimer ou de raviver la voie de la conscience de tout un chacun.

C'est le guide de l'aventure humaine vers la voie de la clarté. Les couleurs de ses vêtements le bleu et le pourpre sont le symbole de la haute spiritualité.

La tiare du Pape est le symbole de l'autorité universelle.

Dans une main, il tient une croix particulière à trois branches. Ces trois branches signifient l'Ame, l'Esprit et le Corps.

Par conséquent, il est omniscient et omniprésent.

D'autre part, sa main droite a l'index et le majeur pointés vers le haut et les trois autres doigts sont repliés.

"Ecoutez-moi, semble-t-il dire. Je vous mènerai sur les chemins qui vous conduiront au Savoir et à la réalisation de vous-même".

Il y a en face du Pape deux jeunes personnages. L'un paraît attentif aux dires du Pape et adopte une attitude de simplicité et d'humilité. Il accepte les conseils.

L'autre courbe quelque peu la tête. Il porte la main devant sa bouche. Ou bien, il rie intérieurement de ce que le Pape dit, il s'en moque, ou bien il est repentant de ne pas avoir écouté et appliqué ce qui lui fut conseillé.

Le Pape désire que chacun comprenne sa voie et apprenne à la suivre. Il n'hésitera pas à être sentencieux.

C'est un philosophe, un religieux.

Il désire que l'on respecte la tradition, la Loi.

Il se veut conciliant envers les autres et est prêt à accepter toute tendance philosophique pour autant que celui qui s'y rattache le fasse de grande foi et en toute humilité.

Car le Pape, c'est aussi l'humilité, la modestie.

En effet, il ne faut pas croire que l'on sait tout et le Pape est là pour nous rappeler que nous avons encore beaucoup à apprendre. Apprendre d'abord sur nous-même, sur les autres et par les autres.

Il est nécessaire de pouvoir méditer sur les paroles qu'il prononce. Mais aussi, il nous invitera à être discret.

Le Pape ne veut plus rien toucher de matériel. C'est la raison pour laquelle il porte des gants blancs. Symbole de pureté.

Ses pensées et ses actes doivent restés purs.

C'est un idéaliste qui a foi en l'Homme.

Cette foi, il nous invite à l'acquérir pour parcourir le long chemin de la Vie.

Il se veut ouvert à tous et à toutes philosophies. Il ne peut être sectaire ni fanatique.

Il est l'esprit même de la conciliation, de l'indulgence et de la bienveillance.

Il sait pardonner et nous enseigne de le faire.

Devenir un être généreux est bien le but qu'il nous assigne.

Le Pape nous oblige aussi à voir d'autres horizons et ainsi aller à la rencontre des autres.

Il sait aussi que notre vie peut être marquées par des contradictions et chaque fois, il essayera de nous apporter la lumière et inspirera nos actes et nos pensées.

Il sera notre protecteur.

Mais attention de bien interpréter ce qu'il désire nous faire savoir. Ses paroles seront souvent symboliques. Ce sera à nous d'avoir l'intelligence d'en saisir le sens.

Nous ne devrons pas perdre de vue que toute parole, toute suggestion ou toute recommandation peuvent revêtir tout contresens.
Il pourra donc en résulter que notre croyance deviendra du sectarisme ou encore que notre conviction soit à l'image de notre étroitesse d'esprit. Notre interprétation se traduirait alors par un irréalisme déconcertant et démotivant.

Ne prenons pas au pied de la lettre ce qu'il désire nous enseigner car nous pourrions adopter une attitude ou le sectarisme et l'étroitesse d'esprit nous envahirait. L'intolérance ne serait pas alors très loin de nous.

Comme Jupiter est la planète considérée comme la grande bénéfique et qu'il gouverne le signe du Sagittaire, signifiant les grands courants philosophiques, religieux et les grandes études, j'assimile donc cet arcane à Jupiter.

Attention au courroux des dieux ...

ARCAHE VI L'AMOUREUX

Nombre : 6

Lettre Hébraïque	: Waw (aussi bien voyelle que consonne)
Lettre Française	: U, V, W et la diphtongue 'OU'
Lettre Grecque	: Upsilon

"Bonjour Cupidon.

Tu planes au-dessus de ma tête dans une étoile à fond blanc et dont les branches sont de couleur rouge et verte.

Ta flèche est pointée vers le dessus de mon crâne.

Oh, j'oubliais, tes ailes sont bleus.

Que veux-tu que je fasse ? Ou encore, que dois-je faire ?"

Voilà bien toute la problématique de l'arcane VI.

Rouge et vert présupposent ardeur et amour ainsi qu'espérance. Blanc et bleu sont significateurs de pureté et de spiritualité.

Le jeune homme, les bras repliés sur la poitrine en signe d'auto-protection ou d'auto-défense, est un pucereau.

Il est timide et tiraillé par les prémices de l'Amour.

Il est encore pur.

Deux charmantes demoiselles l'entourent. L'une lui porte la main à l'épaule. Elle a une tête couronnée et est vêtue de bleu et rouge; vêtements soignés, à la fois amples et ajustés.

"Je t'apporte la richesse, semble-t-elle dire. Tu bénéficieras aussi de mes privilèges. Réfléchis ! Ta vie sera gentillement organisée selon les conventions et les traditions. Je pourrai t'apporter l'Amour selon la manière dont nous nous connaîtrons. Je devrai me débarrasser de mes beaux atours mais, pour cela, tu devras me conquérir, faire mille courbettes et accepter quelques caprices de ma part." Oh hypocrisie !

L'autre demoiselle est vêtue d'une robe jaune et d'une cape verte. Elle adopte un geste plus chaleureux, une main posée sur le dos et l'autre sur le bras du jouvenceau. Elle est pieds nus.

"Regardes-moi. Je suis telle que tu me vois. Je ne m'embarrasse pas d'habits, certes très élégants, mais assez sophistiqués, ou d'artifices quelconques. Je suis naturelle. Je ne cherche pas à paraître au travers de signes extérieurs qui ne servent qu'à cacher ce que l'on n'ose pas ou que l'on a honte de montrer ou de se montrer. L'Amour, je te le donne d'emblée, sans restrictions.

Je te parais sans doute plus légère, plus franche, plus directe. Je te fais peur, je te bouscules. Saches que mes desseins sont honnêtes. La richesse que je t'apporterai sera celle de mon coeur."

Voilà le dilemme auquel est confronté le beau jeune homme.

Il ne peut décider. Il est tiraillé. Il aimerait prendre action. Mais, il n'ose pas. Il n'est pas sûr de lui.

Est-ce l'Amour qu'il veut connaître ? Est-ce la sécurité matérielle? Est-ce la confrontation entre un besoin physique et une élévation spirituelle ? Veut-il sublimer ?

Il ne faut tout de même pas faire fi de ses sentiments. Et des sentiments, il en a beaucoup, peut-être trop ! Mais comment les exprimer ?

Il ne désire pas faire de mal. Et il sait que sa décision touchera une des jeunes filles. Il sait qu'il fera de la peine.

Décider, prendre une décision, voilà bien un des actes fondamentaux de la Vie à laquelle il faut faire face avec courage et même avec une certaine abnégation (à limiter toutefois).

Il n'est guère difficile à faire ce choix.

Il faut écouter sa petite voix intérieure et se mettre en symbiose avec ses sentiments.

Maintenant, si on se met à analyser, à raisonner, à faire taire son intuition, alors, on passera d'abord par une phase de lutte interne, puis, par un sentiment de frustration, qui pourra d'ailleurs venir plus tard aussi, et en suite, on décidera en faisant abstraction de tout sentiment...

Sera-t-on capable de décider ? N'adoptera-t-on pas une position passive ou d'attentisme ? Cupidon enverra-t-il son aiguillon ?

Encore le ferait-il que le libre arbitre, le libre choix doit intervenir. Peu importe ce choix pour autant qu'il soit compatible avec ses aspirations.

Nul ne peut juger ces aspirations, qu'elles soient sentimentales, spirituelles, charnelles, matérielles, mais, il importe qu'elles soient !

Tentation, passivité, hésitation ne mènent qu'à faire du surplace. Ne vaut-il pas mieux une décision irrationnelle. irréaliste, que pas de décision du tout. Ce serait être amorphe. Horreur !

Prendre une décision quelle qu'elle soit, c'est affirmer sa personnalité.

N'oublions pas le proverbe : "Le Coeur a ses raisons que la Raison ignore."

Pourquoi à cet arcane VI ne pas y rattacher Vénus ?

ARCANE VII LE CHARIOT

Nombre : 7
Lettre Hébraïque : Zaïn
Lettre Française : Z
Lettre Grecque : Dzêta

"Je conduis un char, un attelage avec deux chevaux ou deux sphynx.

Ce char peut être celui du triomphe, mais ...
Que dois-je faire ?

Tout d'abord, il est important que j'aie bien les rênes en mains, car mes bêtes ne seront dirigées que si elles sentent une certaine fermeté, une confiance que je leur transmets.

Pour transmettre cette confiance, il est nécessaire d'abord que j'aie confiance en moi et en mes possibilités. Ces possibilités elles sont grandes et en tout domaine."

C'est l'image même de l'harmonie entre le spirituel et le physique. Les deux sont inéluctablement attachés l'un à l'autre.

C'est pourquoi, il importe de bien se connaître, de connaître les autres et les méandres dans lesquels il va falloir manoeuvrer.

J'ai parlé de la lettre Z. Le plus beau mot symbolisant le mode d'action à suivre est le "zig-zag". Donc, il faut pouvoir louvoyer, pouvoir prendre le cap, s'y maintenir pour atteindre le but que l'on s'est assigné. Ce ne sont pas les événements qui doivent guider et dominer mais c'est vous qui devez en tenir compte et adapter votre conduite en conséquence.

L'esprit et l'intelligence doivent dominer et maîtriser la matière, la bête ou l'animal que tout Homme est au départ.

Souvent, on a attaché une très forte idée de spiritualité au nombre 7. Il n'y a pas que cela.

Car, pour mener sa vie selon les objectifs fixés, il faut innover, changer, s'adapter très rapidement et faire face positivement à toute situation imprévue, soudaine.

De nouveaux moyens ou de nouvelles techniques devront être employées. Mais, c'est vous seul qui déciderez de les créer ou de les choisir. Ce qui veut dire que votre libre arbitre et votre indépendance primeront.

C'est pourquoi, j'aime beaucoup assimiler la planète Uranus au Chariot et au nombre 7.

Tout manque de maîtrise vous fera friser la catastrophe sur quel que plan que ce soit.

Par contre,le triomphe est à votre portée et votre rayonnement sur les autres très enrichissant pour vous et pour eux.

Restez toutefois modeste. Vous témoignerez là encore d'une belle intelligence.

ARCANE VIII LA JUSTICE

Nombre : 8
Lettre Hébraîque : cHeth
Lettre Française : H
Lettre Grecque : Etâ, Thêtâ

"Je suis reine et je règne sur tout. Ma position est ferme. Je suis équilibrée et mon intelligence, alliée à mes qualités de coeur, me permet de tout voir, de tout comprendre en parfaite sénérite et en toute équité.

Je dose, j'harmonise ... mais ... attention à mon glaive!".

Dans ces quelques mots, on retrouve toute la signification de cet arcane VIII. Ce 8, lui même formé de deux carrés superposés où on retrouve la stabilité impériale de l'arcane IV dans une double rigueur = le respect et la discipline.

Le respect, c'est le respect des conventions, des lois, de la nature et des Etres humains.

La discipline, c'est se soumettre ou se conformer à ce respect quels qu'en soient les écueils.

Les vêtements de cette grande Dame, que représente la Justice, sont une harmonie de couleur: on y trouve le bleu, le rouge, le jaune, le vert. Le glaive voit sa lame blanche ou argentée et brune comme le pommeau, sa garde est jaune.

Les colonnes du siège de la Justice ont de petits calices blancs.

Je préfère y voir le symbole de petites colombes car ce serait le témoignage que la Justice aime la paix.

Je fais ici une petite remarque. Ayant été moi-même, Juge dans les Tribunaux de Travail ou de Prud'Homme durant près de dix ans, je n'ai jamais pu supporter de mettre une toge noire, et je suis encore toujours choqué de voir les avocats et certains magistrats continuer de porter une telle ridicule enveloppe.

Le noir, c'est la tristesse, c'est la lamentation. C'est aussi les ténèbres dans lesquels on veut voir clair.

Mais si la Justice avait pour emblème les couleurs que l'on retrouve dans l'arcane VIII, peut-être serait-elle plus humaine et plus serviable envers les Hommes. Mais ... la sclérose !

La Justice a pour but de tout doser. C'est pourquoi, elle tient une balance à plateaux. Il faut peser le pour et le contre. Il faut faire de savants dosages pour vivre en harmonie, avec son âme, avec son esprit, avec son corps, avec les autres.

Il faut équilibrer le spirituel et le matériel, le sentimental et le raisonnable.

Toute tension d'un de ces éléments provoque ipso facto un déséquilibre entraînant, à un moment ou l'autre, la chute du couperet.

Cela peut faire mal.

Discipline et respect ou respect et discipline sont les symboles de chacun de ces plateaux.

Si le respect commence à manquer, la discipline se raffermira, se renforcera et pourra devenir insupportable.

Le non respect des autres pourra entraîner des actes de violence, des révoltes; des dictatures pourront naître.

La discipline ne peut être qu'une ligne de conduite librement et délibérément appliquée.

Au plus le respect sera le principe fondamental qui sera développé, au moins cette discipline sera ressentie, et par conséquent, ce sera une résolution d'harmonie.

Il est primordial de vivre dans l'équilibre.

Nous perdons souvent de vue que cet équilibre, c'est le lot de notre vie sur la Terre.

Cette Terre est inclinée dans un axe défiant toute physique.

Elle tourne perpétuellement sur cette axe à une vitesse importante. La circonférence de la Terre est de 40.000 Km. Or, tous les 24 heures, un point quelconque revient à la même place, soit une vitesse de 1.667 Km à l'heure. Une fois et demi la vitesse du son. !!!

Nous subissons donc tous les effets de cette rotation rapide. Nous y sommes habitués.

Tout ralentissement ou tout arrêt de cette rotation terrestre nous perturberait et nous déséquilibrerait.

Les cycles des luminaires seraient modifiés, le cycle des saisons et de la nature le serait aussi tout autant que le nôtre.

Terre, Justice, Balance : tout concourt à respecter l'Harmonie.

Certains ont cru voir dans cet arcane VIII, tout comme dans le nombre 8, la symbolisation des biens matériels, de la richesse. Il y a une part de vérité.

Mais l'excès nuit dans tout. Et l'équilibre doit y être recherché aussi.

L'ARCANE IX L'ERMITE

Nombre : 9
Lettre Hébraîque : Tet
Lettre Française : T
Lettre Grecque : Tau

C'est l'arcane de la recherche de la lumière, de la sagesse.
Il est nécessaire de s'arrêter.
Cet arrêt n'est pas une stagnation.
Il faut faire le vide autour de soi et dans son esprit.
Il y a un temps pour tout et ici c'est le temps qui doit absolument être pris pour faire le point. On doit voir clair.

Chacun se retirera dans une forme de méditation
L'analyse, la recherche, en profondeur, de son comportement, de ses idées, de sa philosophie sera une source d'éclairement, de voir clair en soi.

C'est une retraite presque monacale. On se retire dans sa caverne du fond des bois, dans la nature enveloppante, envoûtante.

On fait corps avec la matière et l'esprit. Cette matière est le milieu naturel de notre vie ou de toute vie. On doit s'y retremper, retrouver les sources de la lumière, de l'énergie, de la foi.

La solitude donne les possibilités de se déconnecter du monde, de son environnement habituel. Toute contingence sera momentanément éliminée et, ainsi, tous les liens qui nous unissent aux autres, à toute conception philosophique, seront, non pas détachés, mais rendus plus lâches, plus souples afin de ne point ressentir d'entraves dans la bonne issue du repli temporaire sur soi, en soi.

On reprendra conscience de son idéal et on rentrera dans l'intimité de sa pensée, de son conscient et aussi de son subconscient.

Cette retraite permettra de laisser mûrir les conceptions et les aspirations. Ce seront les énergies intérieures qui seront réactivées

L'Ermite n'est pas un misanthrope car, même s'il se retire provisoirement du monde, il le fait par esprit d'Amour et pour reprendre la marche de ce qu'il doit accomplir pour les autres.

Il est à la recherche de la vérité ou d'une nouvelle vérité.

Il ne désire donc pas se laisser influencer par autrui.

Il sera en contacts néanmoins avec des êtres qui le comprendront dans sa démarche. Ces êtres seront peut-être aussi des chercheurs comme lui ou encore des transmetteurs des ondes cosmiques.

L'Ermite est un Sage qui pénètre, qui fouille dans le tréfonds de l'âme, de l'esprit, des idées, du comportement, de ce qui peut paraître mystérieux.

L'Ermite se présente sous les aspects d'un vénérable vieillard.

Il est habillé de brun. La doublure de son manteau est de couleur bleu ciel et sous son manteau, il porte une toge jaune.

Son bâton est jaune et bien sûr son fanal est aussi de couleur jaune indiquant ainsi qu'il est allumé.

Le brun est signe d'une certaine austérité, le bleu clair est l'indice de la spiritualité et le jaune, l'expression de l'or, de la lumière du soleil, de l'énergie cosmique.

Près de l'Ermite, on trouve un serpent, symbole de la haute sagesse.

Toute cette symbolique est enrichissante.

Il est heureux de pouvoir en retirer toute son expression régénératrice.

Mais, la solitude n'est point un état de vie normale, le repli total sur soi, en retrait du monde, est une forme d'égoïsme; on se refuse à se dévouer aux autres. Voilà bien un danger.

De là, toute attitude négative est possible, l'avarice, l'isolement, la misanthropie, la timidité maladive débouchant sur le mutisme.

C'est la création de la situation idéale qui mène à la dépression, à la méfiance et à la tristesse. On se bloque et on en arrive de moins en moins à se libérer, à s'ouvrir aux autres.

Il faut lutter contre cette prédisposition que peut avoir l'Ermite. Cela implique persévérance, approfondissement, discrétion et le développement d'une grande harmonie intérieure.

Ce sera cette grande harmonie intérieure que l'on pourra apporter aux autres et les aider à la trouver eux aussi.

L'Ermite, c'est le temps qui arrange souvent si pas toujours bien des choses. Il ne faut pas être pressé, c'est la réflexion qui est utile et nécessite un passage obligé.

L'Ermite, c'est Saturne ou Chronos.

L'ARCANE X LA ROUE DE LA FORTUNE

Nombre : 10
Lettre Hébraïque : Yod
Lettre Française : J, Y
Lettre Grecque : Iota

Le mot 'Fortune' n'a pas de relation directe avec la richesse matérielle.

Il s'agit de ce que le destin, le sort, les forces cosmiques peuvent nous réserver ou nous proposer.

Cet arcane est quelque peu compliqué. Et pourtant, c'est très simple. L'Homme, c'est le plus et le moins, le positif et le négatif, le masculin et le féminin, le Yang et le Yin, la chaleur et le froid.

Ainsi, cette symbolisation est le reflet constant de ce que la Vie est parsemée, les alternances.

Il nous est laissé la faculté du choix, de la décision.

La roue doit tourner. Nous devons la faire fonctionner.

Et voilà bien la difficulté.

Deux personnages nous empêchent de la faire tourner dans un sens ou dans un autre. Et cependant, elle doit tourner, cette roue.

Un sphinx ailé préside aux mouvements de cette roue. Son visage est masculin, il a des seins de femme. Il porte un glaive dans la main droite dont la lame est dirigée vers le haut.

Il est prêt à frapper.

Un des personnages est de couleur bleu clair et de jaune.

Sa tête est dirigée vers le haut.

Il cherche l'élévation. Or, en raison des couleurs dont il est vêtu, cette élévation est intellectuelle, spirituelle, vers la richesse de pensées.

L'autre personnage est de couleur verte et rouge. Il a la tête tournée vers le bas. Il ressemble un peu à un diable.

En fait, lui, il recherche le matériel, mais ce matériel est assez fragile. Donc, l'instabilité ou toute forme de tentation quelconque fera modifier l'attitude que l'on a adoptée.

Alors, ce sphinx pourra jouer au justicier. Selon la réalisation de ce que l'on désire dans un sens ou dans un autre, il sera, à un moment donné ou un autre, mis fin au mouvement auquel on aura donné l'impulsion.

Rien n'est définitif, le bonheur ou le malheur, l'argent ou la pauvreté, la santé ou la maladie, etc.

Nous savons donc que tout est éphémère. Sachons donc orienter notre barque vers le but que l'on s'est assigné.

Or, de barque, dans la symbolisation de l'arcane X, il y en a deux, une rouge et une verte. Masculin-féminin, action-contre action.

Il y a aussi deux serpents dont la tête de chacun est tournée vers le haut, aussi un rouge et un vert.

Lequel des deux prendra le dessus et quel personnage conseillera-t-il ou dévorera-t-il ?

Il implique donc d'avoir une certaine maîtrise de soi, de la sagacité. Il faut être capable de saisir la chance qui est mise sur le chemin au moment où elle passe. Cela demande un sens de la perception. Or, ce sens, on ne peut le posséder que si l'esprit est sain, clair et que l'équilibre corps-esprit a été réalisé ou est réalisé.

Il ne faut pas perdre de vue qu'à tout moment dans la Vie, toute action, tout comportement, toute idée nous amènent à un point de basculement possible, en bien ou en mal.

On n'est pas maître de sa destinée, diront certains.

L'arcane X nous fait justement réfléchir à cet idée.

Nous en sommes maître ou plutôt, nous avons les possibilités de l'être. C'est à nous, dans ce courant de va-et-vient, de voir clair et d'apprendre à saisir le fil conducteur adéquat.

La Vie n'est en fait qu'une jonglerie.

L'ARCANE XI LA FORCE

Nombre : 11
Lettre Hébraïque : Kaf
Lettre Française : K, C dur
Lettre Grecque : Kappa

"Que tu es belle !

Que de sérénité tu dégages dans l'action que tu mènes et l'acte que tu poses !

Ta tranquillité et la douceur de ton geste sont d'un réconfort à nul autre pareil pour avoir la force d'entreprendre.

Tout s'allie pour donner une continuité irrésistible à ce que tu fais. Personne ne peut résister à ce charme triomphant de tout.

La force que tu représentes n'a rien de la force physique, brutale, destructrice.

C'est une force pensée d'une telle intensité que tes mains donnent une immense impression de facilité dans la manière dont tu tiens ouverte la gueule du lion.

Ton visage est doux, mais il traduit la fermeté et la détermination.

Le chapeau en forme du signe mathématique de l'infini, plus élégant et plus élancé que celui du Bateleur, laisse apparaître que tout ce que tu entreprends le sera pour l'éternité."

Cet arcane, c'est le triomphe de l'intelligence, de l'esprit sur le matériel, sur ce qui peut venir de l'animal.

L'action de la force est mystérieuse et cela se comprend d'autant plus que son manteau est rouge, symbole d'action, et sa robe est bleu clair, symbole de l'esprit.

Du jaune est dans ses manches, donc la lumière est transmise pour l'action et le vert qui est dans le dessus donne une idée de la vitalité.

On retrouve, également en la Force, la concrétisation du macrocosme et du microcosme. Le magnétisme n'est nullement exclus car si on additionne de manière théosophique le nombre 11, on obtient 2, n'est-ce pas aussi la réflectivité de la lumière de la Papesse.

Il y a, en elle, une puissance magique, cette puissance c'est l'alliance de l'intelligence et de la volonté, une volonté inébranlable.

N'oublions pas non plus que 11, c'est 5 plus 6. Or, nous savons que 5 est le Pentagramme de l'Homme et 6 est indice de sentiments.

C'est un amalgame extraordinaire où raison, sentiments, volonté, idéal sont la source du triomphe.

L'endurance et le courage sont d'autres ingrédients qui permettent de mener à bien ce que l'on veut.

Mais la bête peut se révolter, se cabrer. Son instinct animal se réveillant ou n'acceptant pas d'être dompté, ce lion énervera la Force.

Elle ne se gênera pas alors pour se mettre en colère et vouloir agir de manière plus immodérée.

Une lutte pourra s'en suivre où une certaine violence ne serait pas exclue.

Mais sa vertu et sa puissance anémique reprendront néanmoins le dessus avec le temps.

Au risque de surprendre, je voudrais faire une comparaison avec un des éléments de la nature auquel il est difficile de résister.

C'est l'eau.

L'eau est une force terrible et lorsque elle se déchaîne, elle balaye tout sur son passage. Il est difficile de colmater les brèches et souvent les digues cèdent.

Maintenant, nous savons aussi que la planète des eaux est Neptune. Faites la relation entre la Force et Neptune et vous comprendrez que le caractère un peu mystérieux, un peu mystique de Neptune se retrouve dans la symbolisation de cet arcane.

L'ARCANE XII LE PENDU

Nombre : 12
Lettre Hébraïque : Lamed
Lettre Française : L
Lettre Grecque : Labda

Extraordinaire, ce Pendu.
On a l'habitude d'imaginer ou de voir un pendu, quelqu'un qui est attaché par une corde au cou soit à un arbre soit à une poutre ou tout autre support qui puisse permettre au corps d'être ballant. En général, la mort survient par rupture de vertèbres cervicales.

Dans le cas de notre pendu de l'arcane 12, nous nous trouvons en face d'un jeune homme dont la cheville gauche est attachée par une corde à un tronc le tenant ainsi dans une position de suspension.
Son autre jambe est repliée sur l'autre jambe, et, la forme qu'elles prennent, dessine une croix.
Il se tient les mains derrière le dos. Sont-elles liées ? Non, car les poignets apparaissent aux deux côtés de sa taille.
Son visage est détendu, même rieur.
Pour lui, sa position ne parait pas inconfortable, que du contraire.

Il semble vivre dans un rêve, dans un certain détachement du monde matériel auquel il est toutefois encore relié par la corde de sa cheville.
Mais, ce bois suspendu en travers est de couleur jaune. Le Pendu recherche encore la lumière mais, comme cette traverse repose sur deux troncs, c'est par là qu'il demeure encore en contact avec le sol.
Il se veut marginal puisque il adopte une attitude tout à fait contradictoire aux autres.

Ce n'est pas par vanité ou esprit d'opposition.

Non. Il désire faire comprendre les erreurs ou les errements de ses semblables. Il désire, non pas comme certains peuvent le croire, racheter les fautes d'autrui.

Ce qu'il désire, c'est se dévouer, apporter son aide à chacun pour faire comprendre qu'il y a des vertus et des richesses autres que celles que l'on veut trouver sur la Terre.

Le Pendu est aussi un mystique car il ne veut rien pour lui.

Ce n'est pas un passif comme on pourrait le croire ou un inactif. C'est sa pensée qui est en action. L'impuissance de l'action de son corps ne fait qu'activer davantage ce qu'il ressent, ce en quoi il peut pénétrer, le pouvoir par une meilleure irrigation du cerveau, de l'esprit.

Les couleurs de ses habits sont sans doute surprenantes.

Il y a du rouge, du bleu, du blanc, du jaune.

Certaines sont disposées par moitié en opposition.

Lumière, pureté, passivité, spiritualité et action s'y retrouvent.

Est-ce un illuminé ?

Non, il représente une force morale. Il est le transmutateur de ce qui est bon, bien, divin, en réaction avec tout ce qui est instinctif, animal.

Il est désintéressé. Lui, il ne souffre pas, ce sont les autres qui souffrent parce qu'ils sont trop reliés à des concepts surannés, où la foi fait défaut.

Il veut se dévouer aux autres en attirant leur attention, non pas sur lui, mais sur eux, sur leurs comportements. Il désire leur faire comprendre qu'il y a d'autres sources de richesse. Videz vos poches.

Serait-il un philosophe ? Pourquoi pas !

Veut-il être un guide ? Non. Ce n'est pas un conseiller ou un dirigiste de la pensée.

Il éveille l'attention.

On pourrait le prendre pour un fou, pour une bonne "poire".

Oh bien sûr que pour tout cartésien, il sera catalogué de parasite, de raté.

Il pourrait être utopiste, idéaliser une société à contre courant.

Mais n'est-ce pas de temps en temps nécessaire?

Si le Pendu ne sert qu'à ce que chacun se regarde dans un miroir et fasse un examen de conscience, il a déjà réussi dans sa mission.

Ne le décourageons pas, car nous lui ferions perdre toute notion de circonspection et, alors, il n'apparaîtrait plus que comme un vulgaire pitre, heureux toutefois de le paraître.

"Je préfère être un pitre que d'être un "c..".

ARCANE XIII L'ARCANE SANS NOM OU ENCORE LA MORT

Nombre : 13
Lettre Hébraïque : Mem
Lettre Française : M
Lettre Grecque : Mu

Est-ce la grande faucheuse ?
Est-ce la Mort ?

C'est un renouveau.
Il faut marcher, évoluer.

Pourquoi avoir peur ? Celui qui a peur est celui qui se sent démuni, c'est à dire, qui réalise qu'il ne s'est pas enrichi spirituellement.

Evidemment, une grande maîtrise de soi s'avère nécessaire, car il sera important de prendre des décisions décisives, se remettre en cause et même remettre en cause ses principes, ses idées.

Il ne faut, en aucun cas, accepter de subir. Un tel état d'esprit entraîne ipso facto des chocs psychiques, débouchant, d'abord, sur la mélancolie, la tristesse et, ensuite, à la dépression avec les conséquences néfastes possibles.

La Mort est le symbole de la matière et de tout ce qui peut représenter le matériel, le matérialisme.
Il fait difficile s'en détacher.

Il est nécessaire de pouvoir apprendre à approfondir et à développer une plus grande pénétration intellectuelle.

Cela demande un certain détachement, une forme de résignation et même du stoïcisme. Mais cela ne doit pas aboutir à une attitude de bêtises. Il est clair que le découragement, les échecs, le pessimisme frapperont alors à la porte.

Ce sera à ce moment-là, période d'ailleurs la plus dure, qu'il s'avérera important de faire preuve de courage, de clairvoyance et de rassembler toutes ses forces pour être à même d'entreprendre une nouvelle route ou se diriger vers une nouvelle destinée.

Dans l'arcane XIII, la Mort est de couleur jaune. C'est donc une énergie en transformation. Le manche de sa faulx est rouge, signe de l'action qu'elle mène. Son faciès esquisse un sourire.

Ce n'est pas un sourire de satisfaction mais un sourire de réconfort. Ce n'est pas aisé à comprendre.

Les deux têtes au pied de la mort ne sont pas tristes, ni la tête couronnée, ni la femme. Elles manifestent une forme de sérénité devant l'adversité. Les mains et les pieds sont dressés vers le haut en signe d'espoir que quelque chose va changer et doit changer.

Les regrets seront totalement superflus.

C'est par l'approfondissement de la connaissance, du pourquoi et du comment, qu'il sera possible de répondre à l'invitation de la Mort.

Les ténèbres devront s'éclairer.

Mais que sont ces ténèbres ?

C'est la clarté de l'esprit, des idées, des actes qui est malencontreusement arrivée à faire défaut.

Donc, une recherche en profondeur est impérative pour reconstruire.

En l'absence de cette recherche, ce sera le chaos et la défaite.

Pourquoi ne pas voir dans cet arcane la symbolique de Pluton ?

ARCANE XIV LA TEMPERANCE

Nombre : 14
Lettre Hébraïque : Noun
Lettre Française : N
Lettre Grecque : Nu

Un ange sous un aspect féminin verse de l'eau d'une jarre argentée dans une jarre dorée.

Ses ailes sont bleu-ciel.

Nous trouvons ici un indice important de la générosité.

Le changement, sous l'image de ce transvasement, sera bénéfique.

L'eau est le symbole du liquide ou de la sève vitale.

Elle est régénérée.

Notre vie est donc elle-même réactivée.

C'est un principe fondamental naturel puisque ce qui a été usé ou consommé doit être renouvelé, recréé.

Le visage de l'ange est tendre, bienveillant.

Il ne réfléchit pas de la même manière que pourrait le faire l'Impératrice (arcane III) ou la Papesse (arcane II).

La spontanéité est directe sans restriction, au-dessus de toute mesquinerie humaine.

La Tempérance apaise nos passions, nos humeurs négatives, nos colères. Par le magnétisme de l'eau, elle nous décharge des impuretés du corps et de l'esprit.

Elle est régularisatrice de nos fonctions,

La Tempérance nous donne des facultés d'adaptation, de souplesse. Elle nous rend à nouveau sensible au monde extérieur et nous permet de mieux percevoir les choses.

En percevant mieux les gens et les choses surtout d'une manière plus positive, nous devenons plus sociables et plus communicatifs.

Comme dans tout, il est préférable d'être à l'éveil de ce qu'elle nous apporte et ne pas croire surtout que nul effort nous sera demandé.

Une attitude passive nous conduirait à la paresse.

Ne soyons pas euphorique non plus et ne nous laissons pas aller à penser que les choses s'arrangent par elles-même.

Ce serait une grave erreur de jugement !

Songeons que tout le monde n'est pas nécessairement à notre image et que la bonté et la prodigalité qui nous sont données pourront être “bouffées” par des profiteurs sans vergogne.

Une telle situation nous amputerait de notre vitalité et nous conduirait, sans réaction positive, à un certain abandon et à l'oubli de nous-même.

Ce serait alors navrant et un climat de tension interne trouverait ses sources de développement avec la conséquence de nous vider de notre substance vitale.

ARCANE XV LE DIABLE

Nombre : 15
Lettre Hébraïque : Ssamek
Lettre Française : S, C sifflant
Lettre Grecque : Sigma

Est-ce un diable ?
Est-ce un bouc ?
Est-ce une femme ?
Est-ce un poisson ?
Est-ce un serpent ?

C'est un peu tout à la fois.

Le Diable serait le Prince des Ténèbres, le Prince du Monde matériel. Et pourquoi pas aussi le Prince des Esprits ?

C'est choquant de dire qu'il est le Prince des Esprits mais il est un agent magique.

Certains le considèrent comme le Prince des Occultistes.

Cette idée n'est pas à rejeter de prime abord.

L'invisible, l'impalpable étaient considérés de son domaine et souvenons-nous des histoires de sorcières ou de gnomes.

Il est une image créée à l'inverse de l'image de Dieu ou d'un dieu.

Si Dieu ou un dieu est mû par le principe du Yang, on pourrait dire que le Diable est le Yin. Toujours ce système de binarité ou de bipolarité.

Le Bien, le Mal.

Le Diable est-ce vraiment le Mal ?

Si oui, c'est un mal nécessaire.

Aussi longtemps que notre esprit agit sur notre comportement nous n'avons guère à nous en inquiéter.

Aussi longtemps que nous restons en symbiose avec la Nature et que nous sommes en mesure de communiquer avec elle et la comprendre, nous n'avons non plus à nous en inquiéter.

Mais, si tout dérèglement survient dans le processus cosmique et naturel du Monde et des Etres, alors, nous sommes à la merci de l'emprise de ce Diable.

Ou nous sombrons ou nous nous relevons en le refusant.

Si le Diable représente le Matériel, il peut être l'élément moteur de la richesse matérielle et du désir de jouissance.

Nul n'a jamais défendu de jouir des biens de la Nature, que du contraire. L'Homme peut y trouver une source d'élévation.

Mais, comme il est tout autant malsain que le spirituel soit le but et le principe essentiels et exclusifs, il est détestable que le matériel, le charnel soient l'objectif premier.

Nous pouvons nous laisser tenter ou nous laisser aller à la paresse, à l'orgueil, à l'avarice, à la gourmandise, être envieux, colérique, ou encore nous adonner à la luxure.

Nous pouvons jouer au séducteur, à la vamp.

Le Diable nous y invitera très cordialement.

Mais serons-nous vraiment nous-même ? Réaliserons-nous ce que nous avons comme mission à accomplir sur la Terre ou encore nous réaliserons-nous ?

Nous pouvons nous reposer, être fier, être économe, aimer le boire et le manger en les savourant. Soyons opposés aux biens acquis de

façon illicite et aux abus de toute sorte. Ce sera une forme de courage.
Il est antinaturel que les sexes s'opposent ou se rejettent.
Les lois naturelles seraient déséquilibrées.

Il nous faut donc trouver le juste milieu, l'harmonie de nos pensées et de nos actes.
Pour cela, nous avons besoin d'une clairvoyance de l'esprit.

Nous avons une force en nous, et le Diable nous la rappelle, qui est capable de déplacer des montagnes.

Employons cette force cosmique à comprendre le Cosmos et son influence bénéfique, apportons aux autres ce qu'ils ont besoin et équilibrons nos désirs, nos passions. Nous en serons heureux.

Maintenant, perdons le courage et la volonté, et nous nous retrouverons dans la débauche, la perversité, le désordre et le dérèglement complet.

A vous de choisir !

N'oubliez pas que la Vie peut être belle et enrichissante !

ARCANE XVI LA TOUR FOUDROYEE
LA MAISON DIEU

Nombre : 16
Lettre Hébraïque : chA ou chAyn
Lettre Française : peut-être Ch encore que...
Lettre Grecque : ?

Est-ce Dieu qui frappe ?
Est-on victime de Son courroux ?

Tout s'effondre.
L'éclair agit dans sa puissance destructrice.
Ne serait-ce pas la conséquence des influences diaboliques que nous avons subies et aveuglément suivies ?

Nous avons construit quelque chose et c'était notre devoir de le faire.
Mais cette construction n'a pas répondu à un but sain et nous l'avons mal utilisée ou exploitée.
Nous payons cash.
Et c'est bien ainsi.
Nous devons nous remettre sur les bons rails et recommencer la tâche qui nous avait été assignée.
Nous n'avons pas compris ce qui nous était demandé.
Nous avons cru être arrivé, avoir la gloire.

La miséricorde divine ne doit pas être mise en doute.
Elle vient à notre secours.
Ce n'est pas une destruction pour le plaisir ou gratuite.
Elle est un signe de notre détresse.

Nous signons nous-même cet arrêt parce que nous n'avons rien compris.

Nous nous sommes servis de biens et de forces à mauvais escient. Nous avons cru que nous étions très forts et que tout signe extérieur de richesse ou tout acquis matériel somptuaire représenterait notre valeur. Si notre moralité n'a pas été en symbiose avec les autres, nous ne pouvions connaître autre chose que la déchéance.

La vanité tue.

Si nous perdons toute croyance en l'équilibre du Monde régi par les forces cosmiques, nous ne bâtirons que de l'éphémère.

L'humilité et la bienveillance envers les autres, le service aux autres sont les fondements durables de la Vie.

Tout doit être entrepris dans le désir de l'épanouissement de l'Etre humain et non de son asservissement.

Si nous asservissons les autres, si nous les conditionnons, si nous les influençons selon notre désir de possession, que ce désir soit spirituel ou matériel peu importe, nous déséquilibrons les ondes cosmiques et nous créons alors le champ idéal au développement des ondes négatives.

Le personnage qui chute de la Tour et s'écrase au sol reste en vie.

Il est obligé de vivre car il n'a pas réalisé la mission qui lui était confiée.

Un dicton dit : Un homme prévenu en vaut deux.

Cet adage s'applique à merveille à cet arcane XVI.

ARCANE XVII LES ETOILES

Nombre : 17
Lettre Hébraïque : Phe
Lettre Française : F, Ph, P
Lettre Grecque : Phi

"Je désire te réchauffer le coeur, te revitaliser, te redonner le goût de l'existence.

Je suis nue.

C'est la Nature qui est en moi.

La Nature est belle, reposante, enrichissante, souviens-t-en !"

L'eau chaude et l'eau froide sortent de deux jarres, l'une d'or, l'autre d'argent. De nouveau, la recherche de l'équilibre du Yang et du Yin, de l'émission et de la réception de l'énergie, et l'harmonisation se dégage de ces symboles.

L'espoir est recouvré. L'optimisme renaît.

On se sent mieux et on est à nouveau capable ou disposé à entreprendre, à aller de l'avant.

Une grande étoile est là pour enluminer notre vie.

D'autre part, les charmes et la douceur de la jeune femme nous rappellent que la Vie mérite d'être vécue et que l'épicurisme ne doit pas en être banni.

L'ensemble des étoiles nous indique que nous sortons de la nuit. Nous pouvons voir clair. L'eau matinale nous purifiera.

A nous de savoir si nous préférons l'eau chaude, l'eau froide ou l'eau tempérée.

Profitons de ces possibilités qui nous sont réoffertes et goûtons au plaisir de la Vie.

Nous devons avoir le courage d'affronter les difficultés et les épreuves.

Les indolents n'apprécieront guère l'effort qui leur est demandé.

Il ne faut pas qu'ils se lamentent car les richesses matérielles et spirituelles seront dispensées proportionellement, selon justement, la manière dont cet effort aura été ou sera réalisé par ceux qui auront eu la force et le courage.

Cela demande bien sûr de l'énergie, de l'action, le respect de ses convictions, de soi et des autres.

C'est alors seulement que la jeune femme nous apportera la tendresse, là détente vers un repos ou une méditation sereine surtout si nous vivons notre idéal.

Elle est aussi là pour le rappeler.

Cette jeune femme, c'est aussi la belle, tendre et amoureuse Vénus.

C'est la réalisation du corps et de l'esprit.

Mais, c'est aussi la mère consolatrice, réconfortante, salvatrice.

Tout concourt à nous procurer la clairvoyance.

Les étoiles sont de couleur or et bleu, lumières physique, tangible et spirituelle.

Les effets se combinent avec le magnétisme de l'eau que la jeune femme tempère.

Notre environnement d'ondes cosmiques nous active et nous incite à reprendre espoir.

La Vie est belle; elle ne peut être gaspillée ni sacrifiée. L'humeur et l'attitude magnétique que nous dégageons seront le reflet de notre joie de vivre.

Cette joie de vivre que nous pouvons apporter aux autres.

Ne tombons pas dans le travers de dire "Tout le monde, il est beau, il est gentil". Ce serait être très très innocent et naïf.

Soyons toutefois confiants.

Aimer le Beau, réaliser sa destinée ou ce à quoi nous sommes prédestinés, voilà ce qui nous est enseigné par cet arcane XVII.

Ne négligeons pas notre intuition car nous pourrions être favorablement influencés par des forces invisibles - dites occultes -, ces ondes cosmiques ou ces éléments impalpables de perception qui nous guident vers et dans la bonne voie.

Laissons aussi notre sensibilité s'exprimer sans contrainte et nous nous réaliserons par l'intime expression de notre âme, de notre esprit, de notre corps.

Bonjour, Proserpine!

ARCANE XVIII LA LUNE

Nombre : 18
Lettre Hébraïque : Tsé
Lettre Française : X
Lettre Grecque : Xi

Il ne fait pas très clair.

C'est une lumière froide teintée d'argent ou de gris argenté.

La vie semble être endormie ou recouverte d'un voile qui l'empêche d'être émaillée de couleurs.

Et pourtant, de cette Lune émanent des rayons jaunes avec de courtes lueurs rouges.

Rien n'est mort mais tout paraît endormi, calme et si troublé à la fois.

Pourquoi ?

Si un des chiens donne l'impression d'accepter cet état nocturne, l'autre et l'écrevisse sont en effervescence.

On peut facilement le comprendre.

Le chien qui aboit n'accepte pas d'être dans l'obscurité, cela l'énerve. Il sent quelque chose mais ne peut le voir.

L'écrevisse ressent de plus en plus le magnétisme de l'eau qui devient plus fort en raison des rayons de la Lune.

Il est excité et s'active à la tâche. Il essaye de ramener le plus possible à lui toute chose dont il aurait besoin pour sa survie et même son confort. Il y a de la vie dans l'étang dans lequel il se trouve. Il écarte ses pinces d'un geste très ample pour mieux capter ce magnétisme vital.

C'est sa forme à lui de se régénérer pour la journée. Car, lui, la lumière du jour et la chaleur, il ne les supporte pas beaucoup.

Sa carapace en souffre. Il lui est donc nécessaire de la purifier ou de la changer.

Un chien adopte une position plus agressive. C'est celui qui hurle au lieu d'aboyer. Que ce soit le jour ou la nuit, pour lui, son attitude reste la même : je garde, je maintiens et, fou, celui qui s'aviserait de s'approcher de lui. C'est pourquoi, il apparaît ne pas être perturbé par cet état semi-obscur.

Evidemment, on peut ne pas craindre les chiens et les braver.

On peut essayer d'aller au-delà des tours gardant l'accès à la plaine ou au désert.

Dans cette plaine, dans ce désert qui trouvera-t-on ?

On croira y trouver ce que l'on souhaite ou ce que l'on désire.

Mais en est-on sûr ?

Ne serait-ce pas un mirage ?

Cette Lune ne fait rien pour nous éclairer mais si elle diffuse une certaine lumière, elle crée aussi des ombres floues.

Veut-elle nous troubler ?

Désire-t-elle nous faire peur ?

Nous cherchons à quitter son influence.

Nous sentons ou nous ressentons que notre corps, notre esprit sont perturbés.

Nous avons l'impression de perdre pied et de nous enliser.

Nous aurions même tendance à accepter notre déperdition.

Mais non, réagissons !

Nous avons besoin de périodes de repos. C'est la nuit.

Nous savons qu'après la nuit, c'est le jour. Nous verrons à nouveau clair si nous ne nous sommes pas laissé flouer par une lune imaginative nous rendant quelque peu somnambule.

Nous perdons tout sens des réalités.

Cela peut être bien et nous donner des possibilités de créativité, mais cela peut tout autant nous déconnecter totalement.

Si notre créativité l'emporte, la fantaisie, l'extravagance seront au rendez-vous. Nous serons portés à tout croire et tout accepter.

Si nous sommes déconnectés, nous devenons une excellente proie.

Que voulons-nous ?

Faut-il adopter une attitude passive ?

Nous laisserons-nous impressionnés ?

Acceptons tout avec calme en nous disant que la nuit porte conseil et que demain nous verrons plus clair.

ARCANE XVIIII LE SOLEIL

Nombre : 19
Lettre Hébraïque : Qof
Lettre Française : Q
Lettre Grecque : ?

"Je suis là enfin.

Vous pouvez de nouveau sentir les bienfaits de mes rayons.

Mes rayons sont à la fois jaunes et rouges d'une forte intensité.

Je vous réchauffe aussi bien le coeur que l'esprit.

Tirez profit de ce que je vous apporte et vous serez capables de vibrer à l'unisson du Cosmos."

La symbolique du Soleil est personnalisée par une tête ronde à la douceur des traits et au sourire rassurant.

Il est la lumière qui nous éclaire dans nos pensées et nos actions. Conciliant âme, esprit et corps, nous sommes incités à l'harmonie de notre être. Cette harmonie atteinte, nous ne pouvons être que triomphant. Rien ne peut nous perturber.

Le Soleil nous donne tout pour autant que nous ayons la sagesse d'en user avec discernement et sans concupiscence.

C'est parce que nous n'avons rien demandé pour nous même que nous bénéficions de ses bienfaits.

Le Soleil semble protéger deux personnages l'un étant un jeune homme et l'autre étant une jeune femme.

L'un porte un pagne rouge - action - et la femme un pagne bleu - réception -. Le reste de leur corps est nu.

Encore une fois, le symbolisme du Yang et du Yin.

Ces pagnes sont peut être portés par pudeur ?

En fait, ils n'auraient pas été nécessaires si les Hommes ne considéraient pas ou n'avaient pas considéré le sexe comme impur.

Or la Magie Sexuelle existe bel et bien. Elle fait partie intégrante de la Vie et de l'épanouissement des Etres.

Elle n'est pas uniquement l'expression du désir de procréation, ni de satisfaction d'un besoin physique, mais la force de communion de deux êtres dans une élévation de l'esprit en une seule unité.

Et au fond, sur cet arcane XVIIII, nous trouvons trois personnages. Les deux jeunes gens qui se tiennent enlacés sous le Soleil, et ce Soleil lui-même qui fait un troisième.

Unissons nous et cherchons ensemble la chaleur de la Vie.

Un tapis vert tendre est au pied des jeunes gens et il est parsemé de fleurs multicolores.

C'est l'espérance d'aujourd'hui et de demain dans la beauté des sentiments et la recherche de l'épanouissement de chacun dans l'autre et avec l'autre.

La générosité, la noblesse de coeur, la grandeur d'âme nous procureront les joies de la Vie, un bonheur réjouissant et nous éclaireront dans notre jugement et nos actions.

Laissons libre cours à nos talents, à notre fantaisie, à notre âme profonde. Notre savoir s'en accentuera.

Ne nous laissons toutefois pas aveugler par ce Soleil si généreux.

Nous pourrions aussi être obnubilés.

Ce qui brille n'est pas toujours ce qui est le plus beau.

L'or paraît beau, sa couleur est belle, mais il est détestable par les convoitises qu'il provoque. Il est ainsi source de richesses et de misères tout à la fois.

Il crée des envieux. Et les riches ou ceux qui se croient l'être, alors qu'ils sont si pauvres dans dans leur for intérieur, sont tellement aveuglés par cette puissance artificielle et matérielle qu'ils ont difficiles à connaître le repos et que, souvent, leur corps et l'esthétique de ce dernier sont le reflet misérable ou minable de leur cupidité et du manque de bonheur. Avant eux, l'Humanité n'a pas existé et, après eux, elle n'existera pas non plus.

Heureusement qu'il y a des exceptions et que l'on trouve des gens de Bien. Mais, pour combien d'autres ?

Aussi longtemps que l'on ne recherchera pas la flatterie, la vanité ou que l'on ne se laissera pas mener par l'orgueil, on pourra faire partie de cette catégorie de gens de Bien.

Le geste doit être gratuit.

Le Soleil ne nous fait rien payer, sauf s'il se met en colère !

L'ARCANE XX LE JUGEMENT

Nombre : 20
Lettre Hébraïque : Resch
Lettre Française : R
Lettre Grecque : Rô

Un ange sonne de la trompette.
Trois personnages nus l'écoutent. Un homme, une femme, un jeune homme ou une jeune fille, fruit des deux premiers.

Il faut faire le point.
Où en sommes-nous sur le plan matériel et sur le plan spirituel?
L'un a-t-il pris le pas sur l'autre ?
Etait-ce cela que nous désirions ?
Avons-nous accompli ce qui nous était demandé ?

Nous devons faire un repli sur nous-même et faire notre examen de conscience.
Nous sommes peut-être très satisfaits.
Mais de quoi ?

Cet arcane provoque un arrêt.
Il est nécessaire de nous remettre en cause et de remettre en cause ce à quoi nous nous sommes appliqués.

Nous devons examiner ce que nous avons accompli, l'analyser froidement et objectivement et tirer les conclusions qui s'imposent sans indulgence envers nous-même.

Avons-nous vécu en harmonie avec nos sentiments, notre esprit et des acquis matériels, n'est-il pas temps de revoir et de reconsidérer notre attitude ?

Nous ne devons pas nous décourager mais nous mettre en état de recevoir la lumière ou l'éclairement qui nous ont peut-être manqué.

Peu importe la voie que nous avons choisie, nous saurons si nous nous sommes mis en accord avec nous-même.

Si notre vie a été en symbiose avec nos aspirations et avec les autres, nous pouvons en être contents, mais ce n'est pas une raison pour ne pas continuer à l'être.

Par contre, si nous constatons des défaillances, il nous est recommandé de les corriger et d'y remédier.

Ce n'est pas le jugement dernier, loin s'en faut.

Tout acte résultant d'une idée a des conséquences; ce sont les résultats de ces conséquences qui seront passés au crible de notre analyse.

Nous aurons sans doute à modifier notre attitude, nos idées, notre mode de vie, notre façon de penser.

Le Jugement représenté par cet arcane XX nous invite cordialement et nous recommande de ne pas le négliger afin de mieux préparer notre futur et nous y adapter.

Il nous est aussi suggéré de rester maître de nous-même et de ne pas nous laisser emporter par un flot de satisfactions ou de "satisfecit" irraisonnables.

Tout ce que nous avons à réaliser sur quel que plan que ce soit doit l'être avec un grand esprit de pondération.

Nous aurons sans doute à repenser notre vie.
Faisons-le lorsque il est encore temps.

Nous pouvons être en mesure de redresser la tête.

Si nous sommes malades, nous pouvons nous guérir.

Si nous sommes attachés à des choses qui ne nous plaisent pas, nous pouvons nous en libérer.

Alors, pourquoi ne pas le faire ?

ARCANE XXI LE MONDE

Nombre : 21
Lettre Hébraïque : Shin
Lettre Française : C de Ch ou CH
Lettre Grecque : ?

“ Je suis la bonne fée.

Je vous apporte protection, clairvoyance et force pour réussir votre vie sur tous les plans.

Je suis entourée d'une grande couronne de lauriers.

C'est un symbole d'espérance et de triomphe.

Si vous suivez votre foi et si vos pensées et vos actes sont en symbiose avec cette foi et le Cosmos, je vous promets la réussite.

Je suis nue. Mon visage est doux et mon attitude est très bienveillante. Je suis pure. Si vos intentions sont également pures, prenez ma main et je vous conduirai au-delà de vous-même. Car, j'activerai toutes vos qualités et vous aiderai à les mettre à profit”.

Cet arcane est sublime.

La jeune fille tient en main deux baguettes, l'une rouge et l'autre bleue. L'une vous permet de capter les énergies de feu et l'autre les énergies éthériques.

Elle pose la main droite sur un voile rouge qui lui cache le sexe et remonte sur l'épaule gauche. Il y a là une symbolisation qui nous fait dire qu'il ne faut pas rester inactif.

Toutes les énergies doivent être utilisées qu'elles soient spirituelles, matérielles ou sexuelles. Elles ne peuvent être utilisées l'une sans l'autre sous peine de ne pas vivre en symbiose avec les éléments et en harmonie avec le Cosmos.

La jeune femme est entourée d'un ange, c'est celui de Saint Matthieu. Ce sont des vapeurs d'eau fécondantes dont le nuage bleu qui les symbolise témoigne de la haute spiritualité.

Un aigle, celui de Saint Jean, est prête à prendre son vol. Il est prêt à l'action.

Cette jeune femme semble soutenue ou avoir comme piedestal le corps d'un taureau, c'est le Taureau de Saint Luc, certains l'appelleront le Boeuf de Saint Luc, ce qui, à mon avis, est un non sens.

C'est ici la fermeté, le sol solide où on marche.

Le dernier animal qui complète son support, c'est le Lion de Saint Marc. Le feu et la chaleur ou l'énergie qui sont en nous.

Si chacun a eu la sagesse de conduire sa vie selon ce qui lui était assigné ou demandé dans la recherche du bien-être de ses semblables, il y a certitude qu'il bénéficiera des lauriers de la gloire. Cette gloire n'est pas éphémère ni sujette à l'orgueil.

C'est la satisfaction du devoir accompli et bien rempli.

Si vous faites appel aux effets de cet arcane et aux possibilités que vous offre la jeune femme, dans un but peu louable ou en perdant toute notion d'équilibre en actes et en paroles, alors, ne vous attendez-pas à goûter aux joies d'une certaine béatitude.

Que du contraire !

Vous croirez avoir réussi, vous semblerez vivre dans une certaine euphorie mais vous aurez tout gâché et votre chute sera très brutale.

Le monde peut vous appartenir.

Encore faut-il que vous sachiez poursuivre un but noble !

Etre maître du monde n'est pas le dominer matériellement ou encore intellectuellement ou militairement.

Etre maître du monde, c'est être maître de soi, de sa destinée, de sa réussite. C'est créer le climat ou l'environnement aussi bien spirituel, matériel que physique propice à son propre épanouissement et à son propre rayonnement qui, tout logiquement, seront un éclairement pour les autres et des sources de bienfaits et de réconforts aussi bien pour soi que pour les autres.

Nul ne peut ni être, ni vivre en égoïste !

ARCANE XXII LE MAT OU LE FOU

Nombre : 22
Lettre Hébraïque : Thaw
Lettre Française : O
Lettre Grecque : Omicron, Omega

Beaucoup seront surpris de voir rattacher la lettre 'O', à cet arcane.

'O', ou le cercle est le symbole du néant d'où quelque chose doit émerger.

La symbolisation du Soleil, en astrologie, est un cercle avec un point au centre. C'est bien la création en marche.

"Tu es un insensé.
Tu n'as pas suivi la route qui t'était impartie.
Pourquoi ?
Y as-tu réfléchi ?
Pourquoi as-tu adopté une attitude rocambolesque ?
Tu t'es laissé guidé par les événements, tu ne les as pas maîtrisés.
Alors, oublies tes fredaines et tes frasques."

Voilà bien ce que veut nous dire ce Mat ou ce Fou.

Nous avons été victimes de folies qu'elles soient personnelles ou collectives.

Rien ne sert de s'arrêter ni de stagner.

Qui n'avance pas, recule.

L'attentisme n'est guère de mise pour vivre pleinement et accomplir ce qui nous a été demandé.

Ce serait de la lâcheté, de la paresse.

L'oisiveté n'est pas du tout enrichissante.

Nous n'avons rien compris. Nous avons été conduits à poser des actes absurdes, vides de sens.

Nos pensées, pour peu que nous en ayons eues, se sont sclérosées. Nous nous sommes volontairement déséquilibrés et n'avons plus été capables non seulement de sentir notre intuition, notre imagination, d'utiliser notre intelligence, notre âme, mais surtout, nous avons anihiler notre libre arbitre.

Etait-ce cela notre vie ?

Il est temps de reprendre conscience.

Il nous est imposer de rechercher notre voie, de reprendre notre bâton de pèlerin de la vie.

Regarder en arrière ne sert à rien.

Oublier le passé, nos erreurs et nos errances, cela doit être à la base de notre recyclage.

Marcher ou crever ! C'est peut-être platement dit et écrit.

Mais c'est la stricte et impitoyable vérité !

Si nous préférons nourrir la satisfaction d'avoir été un raté, nous n'avons plus rien à attendre de favorable et nous n'aurons été que des mollusques sans âme, ni foi, ni loi.

Pourquoi encore caresser les douceurs de la vie ?

Il faut se resaisir, reprendre courage, accepter de réapprendre l'ABC des idées et conceptions spirituelles, intellectuelles et matérielles tout autant que tout ce qui touche à l'épanouissement de notre corps.

A nous de choisir !

Nous voilà arrivés au terme de cette petite étude qui était une approche personnelle de chacun des 22 Arcanes du Tarot d'Oswald Wirth.

Notre but ne poursuivait nullement de donner les éléments de base ni une méthode quelconque d'interprétation ou de prévision.

Nous avons tenté de polariser l'attention du lecteur sur des données qui peuvent revêtir un caractère philosophique.

Nous nous refusons d'être directif.

Chacun et chacune en retireront, nous l'espérons, des enseignements ou des idées qui provoqueront des déclics, qui les pousseront peut-être à poursuivre des recherches sur ce magnifique Livre de la Vie qu'est le Tarot.

Nous les invitons à compulser des ouvrages très pertinents et très enrichissants sur ce sujet.

Pour notre part, nous nous sommes basés sur les significations énoncées des arcanes pour bâtir les significations des différents nombres de notre Cosmonumérologie.

LA COSMONUMMEROLOGIE

Nous avons examiné ensemble les particularités philosophiques et populaires de certains nombres.

Nous avons exploré les relations qui pouvaient exister entre les nombres, les planètes et les tarots.

Enfin, nous avons également constaté l'origine hébraïque et kabbalistique des nombres et des lettres.

Le tableau dans les pages suivantes synthétise ces interconnexions ou ces interrelations.

Pour faciliter chacun et chacune d'entre vous à utiliser les techniques simples d'analyse cosmonumérologique, il est intéressant de connaître ce qu'un nombre particulier peut avoir comme signification ou être comme indicateur.

Il est nécessaire d'avoir à l'esprit que, quelle que soit la technique d'analyse utilisée (tests psychotechniques, psychologie, psychanalyse, astrologie, tarologie, chirologie, graphologie ou cosmonumérologie), il reste toujours les facultés intrinsèques de perception, d'imagination de l'opérateur.

Nul ne peut utiliser servilement les techniques apprises sans intelligence, faute de devenir un robot imbécile.

Le bon médecin est celui qui a le diagnostic sûr mais, ce diagnostic, avant d'être prononcé, a fait l'objet d'un mouvement de construction entre le cerveau gauche et le cerveau droit. Ceux-ci ont déclenché la mise en suractivité d'une série de cellules programmées dont les informations codées, triées, amalgamées, décodées, annulées, etc. ont donné lieu à ce diagnostic.

La théorie est une base. Cette théorie programme les cellules de notre cerveau gauche. Les pages qui suivent vous apportent cette base théorique élémentaire d'analyse cosmonumérologique.

Lorsque vous les utiliserez, votre cerveau gauche, nanti des informations, se heurera aux impulsions émises par votre cerveau droit.

Ce sera à vous seul de mettre ces deux sources d'informations en symbiose, en harmonie pour établir une bonne analyse ou un bon diagnostic.

Il est toujours intéressant et important, à la base, de connaître des aphorismes mais, ces aphorismes ne doivent pas bloquer votre imagination, votre intuition et votre talent créatif.

Les aphorismes, comme toute théorie, il est nécessaire de les avoir lus et de savoir qu'ils existent. Ils sont à prendre éventuellement comme références, cependant, nous conseillons qu'ils ne vous encombrent pas l'esprit.

Vous savez qu'il n'y a rien de plus triste, de plus lamentable qu'une mémoire du type "perroquet".

Or, combien de nos semblables croient qu'ils sont intelligents parce qu'ils sont capables de citer ou de réciter de mémoire tels vers, telles strophes, telles dates historiques et leurs événements, etc.

La mémoire, c'est beau.

C'est une technique comme une autre.

Un livre, un article, une bande magnétique, ce sont des mémoires.

Détruisez ou effacer les, que reste-t-il ? Des déchets !

Ces propos heurteront les cartésiens, les techniciens et les scientifiques à l'esprit étroit. Qu'ils se rassurent, le but n'est pas d'entrer dans des polémiques.

Il est clair et impératif que des techniques doivent être apprises et connues à la perfection comme elles doivent être utilisées avec encore plus de perfection; il y va de questions de sécurité.

Ce que nous avons voulu exprimer, c'est que l'Homme a en lui des perceptions, des intuitions et des éléments qui lui sont propres.

La technique est un support, est un acquis qui ne peuvent en rien détruire ni inhiber ces facultés fondamentales.

Pour chaque nombre et pour chaque lettre, vous trouverez une description de ce que nous appellerons des indicateurs.

Ces indicateurs sont des mots de réflexion.

Il appartient au lecteur de s'en servir comme base et de créer lui-même ses propres aphorismes en fonction de sa propre perception, de son intelligence et de sa sensibilité.

Les prendre au pied de la lettre serait une erreur.

Toute analyse, toute étude résulte d'un ensemble de paramètres qui, eux-mêmes interprétés, donneront une synthèse personnelle au travail réalisé.

Le but de cet ouvrage est de vous donner des éléments mais, il vous est nécessaire de les adapter à votre propre personnalité.

L' ALPHABET

Rang	Hébraïque	Grec	Français	Mot clé
1	hA - hAleph	Alpha	A	Astuce
2	B - Beth	Bêta	B	Bienveillance
3	G - Ghimmel	Gamma	G	Gnose
4	D - Daleth	Delta	D	Devoir
5	H - He	Epsilon	E	Esprit - Espérance
6	W - Waw	Upsilon	U, V, W, 'OU'	Volition
7	Z - Zaïn	Dzêta	Z	Zig-zag
8	cH - cHeth	Eta, Thêta	H	Harmonie
9	T - Tet	Tau	T	Ténèbres
			I	Isolement
10	Y - Yod	Iota	J, Y	Jonglerie, Yeux
11	K - Kaf	Kappa	K, C dur	Kieff, Calme
12	L - Lamed	Labda	L	Liberté
13	M - Mem	Mu	M	Mort, Miséricorde
14	N - Noun	Nu	N	Novation
15	Ss - Ssamek	Sigma	S, C sifflant	Sentiments, Cime
16	chA - chAyn			Chute
17	Ph - Phe	Phi	F, Ph,P	Fondement, Pôle, Phase
18	Ts - Tse	Xi	X	Xenophilie, Xeno-phobie
19	Q - Qof		Q	Quartz
20	R - Resch	Rô	R	Rigueur
21	Sh - Shin		C dans Ch, Ch	Chaleur
22	Th - Thaw	Omicron Omega	O	Origine

Lettres finales

23	K final
24	M final
25	N final
26	Ph final
27	Ts final

LES INDICATEURS DES NOMBRES
UN

1. Point de départ. Créativité. Indépendance. Individualisme.

Caractère :. esprit alerte, intelligence vive,
. habileté, dextérité, sens diplomatique,
. art de la parole et de convaincre,
. exubérance.

. illusionnisme, intrigue, arrivisme, flatterie,
. fantaisie, mensonge, escroquerie, manque de scrupules, pédantisme, orgueil, égoïsme.

Sentiments :. attrait vers des personnes de bon niveau intellectuel,
. cérébralité dans l'expression,
. honnêteté mitigée,
. volonté première,
. sentiments liés à l'influence favorable qu'ils peuvent avoir dans la profession ou dans les affaires,
. trompe l'oeil,
. jeu

Potentialités:. profession de gestion, de direction ou de création,
. homme d'affaires qui peut être sans scrupules
. aptitudes à percevoir mais souvent vues à court terme
. travail littéraire, journalistique ou artistique
. toute activité où polémique ou moquerie pourront être appliquées

Santé :. Bonne vitalité en général
. désordres nerveux par anxiété
. troubles cardiaques par hypernervosité
. besoin d'oxygénation
. perte des cheveux

Couleur : jaune

Recommandation: apprendre à canaliser ses capacités

Type : masculin, Yang, positif, Feu

DEUX

2. Réflexion, réflectivité, magnétisme, intuition.

Caractère : rassurant, paisible, généreux, vertueux,
. rayonnant mais discret, méditatif, patient,
. donne confiance et peut être résigné,
. aime approfondir les choses philosophiques ou religieuses

. paresseux, hypocrite, dissimulateur, rancunier,
. attiré par ce qui est mystique allant jusqu'au bigotisme,
. peu actif

Sentiments :. grande sensibilité,
. chaleureux et même passionnés,
. dévoués
. aime la vie de foyer, les enfants,
. influençables par le milieu ambiant
. indifférence
. possessifs

Potentialités:. fonctionnarisme
. manipulateur ou opérateur financier
. religieux ou religieuse
. excellent bras droit qui travaille dans l'ombre (Type Richelieu ou Mazarin)
. peu de dispositions à assumer des responsabilités publiques ou au grand jour

. pauvre sens du commandement
. assistant(e) social(e)

Santé :. troubles digestifs et principalement du duodénum.
. métabolisme lent
. morosité
. altération de la beauté du visage

Couleur :. blanc-argenté et même avec quelques reflets bleus

Recommandation: éviter la torpeur et apprendre à s'extérioriser

Type : féminin, Yin, négatif, Eau

TROIS

3. Intelligence, conscience, discernement.

Caractère :. intelligent, élégant, affable, charmant,
. compréhension rapide,
. distingué, spirituel.
. profonde richesse

. vaniteux, prétentieux, frivole,
. recherche la flatterie
. manque de finesse et de raffinement
. très bourgeois

Sentiments :. idéalisme et idéalisation
. facilement fasciné
. très attiré par le sexe opposé
. chaleureux
. peuvent être volages
. cérébralisation possible

Potentialités:. analyste, ingénieur
. écrivain ou journaliste
. commerce
. manoeuvriers
. avocat

Santé :. problèmes respiratoires
. blocages des voies évacuatrices
. nervosité ou émotivité perturbatrices

. peau fragile et prédisposition au diabète
. bien dégager les voies respiratoires
. fragilité des yeux

Couleur :. gris argenté ou bleu très léger

Recommandation: ne pas se laisser aller au penchant du sarcasme

Type : masculin ou féminin
Yang ou Yin
positif ou négatif
Air

QUATRE

4. Stabilité, fermeté, positivisme.

Caractère :. droit, rigoureux, énergique, résolu,
. aussi généreux que dur
. autoritaire, ambitieux
. volonté inébranlable,

. belliqueux, en-têté,
. tyrannique, égoïste,
. dominateur sans scrupules,

Sentiments :. impulsifs manquant de tendresse
. jaloux mais chaleureux
. profondément attachés aux traditions familiales
. dévoués envers le ou la partenaire, compréhensif(ve) sans être faible,
. respectueux des gens de valeur,
. stables

Potentialités :. être un leader en quelque chose
. ingénieur, chirurgien,
. chef d'entreprise
. sportif
. toute activité à risques

Santé :. nervosité débouchant sur des migraines
. sujette à infection alimentaire

. fragilité de la tête d'où coryza, sinusite, etc., méningite
. voies respiratoires à surveiller
. otites possibles

Couleur : rouge écarlate

Recommandation: cultiver la largeur de vues et éviter de se laisser conduire par l'orgueil et la colère

Type : masculin, Yang, positif, Feu

CINQ

5. Conscience, moralité, philosophie.

Caractère :. bienveillant, généreux, compréhensif,
. sens de la moralité, optimiste,
. respectueux des principes et conventions
. calme, pondéré, humaniste,
. honnête, altruiste mais rigoriste
. psychologue, religieux
. hautes aspirations

. moraliste et énigmatique,
. sentencieux et sectaire,
. peu réaliste, fanatique,
. êtroitesse de vues
. aventureux

Sentiments :. chaleureux, affectueux,
. aime la famille,
. assez religieux,
. aventureux car cherchant souvent à connaître autre chose,
. mus par le bon coeur et le naturel,
. altruistes,
. tolérants et francs
. l'amour du moment est sincère et profond

Potentialités :. aptitudes aux grandes études,

. dons pour les recherches philosophiques, ethniques,
. prélat ou grand juriste ou magistrat,
. psychologue ou psychanalyste,
. conseiller social,
. professeur ou prédicateur

Santé :. puissance de récupération
. fragilité des os et de la musculation des hanches, attention aux fractures du bassin,
. circulation sanguine à surveiller,
. tension élevée si l'environnement de la vie n'est pas harmonieux,
. veiller à la gourmandise
. lèvres fragiles

Couleur : violet ou bleu clair

Recommandation: Cultiver et communiquer l'enthousiasme sans être sentencieux.

Type : Masculin, Yang, positif, Feu.

SIX

6. Libre arbitre, décision, amour.

Caractère :. naïf, jeune, spontané mais avec réserve,
. artiste, sensible, sentimental,
. doux, compréhensif, bon,
. se pose des questions, d'où tourmenté,
. désireux de vouloir, de décider
. critique mais affable
. conciliant

. indécis, inquiet,
. libertin, faible,
. manque d'ardeur, de courage
. influençable

Sentiments :. amoureux, affectueux,
. émotionnels.
. le corps et le coeur l'emportent sur la raison
. très féminins,
. coup de foudre peu contrôlé

Potentialités :. les Arts : Peinture, Musique, Théâtre, Danse, Sculpture ...
. Haute couture ou haute coiffure,
. Finances ou Immobilier
. Diplomate,
. Secrétaire.. infirmier(e),
. Diététique, médecines naturelles

Santé :. angines, cordes vocales sensibles,
. foie et reins à bien irriguer,
. embonpoint,
. dentitition à surveiller

Couleur : vert ou bleu très lumineux

Recommandation: apprendre à avoir les pieds sur terre et à bien analyser toute situation pour décider

Type : Féminin, Yin, négatif, Terre et Air

SEPT

7. Supériorité,maîtrise, triomphe.

Caractère :. souple, mobile, adaptable,
. sens du tact et de la diplomatie
. ferme, progressiste, avant-gardiste
. valeureux, compétent, actif,
. grande maîtrise de soi

. dominateur, ambitieux, opportuniste
. anti-conformiste, rebelle
. arriviste, orgueilleux
. inadapté, paresseux

Sentiments :. amoureux mais peu stable
. indépendance mais adaptabilité
. esprit conciliant
. amicaux, chaleureux
. intenses mais soumis à la raison
. en opposition : tout ou rien
. mariage pas facile

Potentialités :. esprit de recherche et de progrès
. novateur
. scientifique, sociologue
. prédisposé à l'ésotérisme
. électricien, électronicien, navigateur
. techniques audio-visuelles
. astrologue, astronaute, atomiste

Santé :. grande facilité de récupération
. pression sanguine et irrigation à surveiller
. besoin de mouvements
. troubles de circulation dans les jambes
. prédisposé à des accidents divers (coupures, fractures, etc.)
. fragilité du cou ou de la gorge

Couleur :. bleu soutenu et bleu nuit, même bleu ciel,
. certains tons où le brun-jaune apparaît

Recommandation:. apprendre à vivre avec son époque et ne pas se trouver souvent trop en avance sur les autres ou les événements.
. éviter des activités fiévreuses sans repos

Type :. masculin, Yang, positif,Air

HUIT

8. Equilibre, ordre, continuité

Caractère :. stable, conservateur,
. discipliné, logique, juste
. modéré, raisonnable
. économe, dévoué, honnête
. sens pratique, intègre, impartial

. très bourgeois
. lié aveuglément aux principes et aux usages
. très fonctionnaliste
. excès d'ordre, maniaque
. chicaneur, pointilleux
. illogique, insensible, inflexible

Sentiments :. dévoués, conciliants
. recherche de l'équilibre et du juste milieu
. romanesque mais peu passionné
. peu démonstratif
. se lie difficilement à quelqu'un sauf par dévouement

Potentialités :. domaine législatif ou répressif (Police)
. pharmacien ou diététicien
. ingénieur, aviateur, mathématicien
. toute activité où peuvent être prodigués, réconfort, équilibre, minutie

Santé :. problèmes rhumatismaux principalement dans les bras
. affections intestinales
. très sujette aux influx nerveux

Couleur :. jaune-vert, gris clair

Recommandation:. ne guère se préoccuper de soi mais veiller au bien-être des autres

Type :. Féminin masculinisé, Yang-Yin, positif, Terre

NEUF

9. Réserve, temporisation, concentration

Caractère :. austère, méditatif, travailleur
. sobre, discret, timide
. secret, taiseux, studieux
. volontaire, réservé
. prudent, circonspect
. modeste, solitaire, dogmatique

. silencieux, ténébreux
. asociable et asociale
. méfiant, avare, sceptique
. indécis. fermé, angoissé
. énigmatique

Sentiments :. profonds, dévoués
. grande sensibilité qui désoriente
. affectueux mais peu démonstratif
. naturels et non sophistiqués
. misanthropiques

Potentialités :. analyste, économiste
. homme politique
. haut fonctionnaire
. chercheur, législateur
. occultiste, ecclésiastique (moine)

Santé :. sujet aux rhumatismes et à l'arthritisme
. squelette fragile
. peau traduit les états d'âme ou les chocs affectifs (eczéma, etc.)
. douleur dans les épaules et au-dessus des omoplates
. vertèbres cervicales à ménager

Couleur :. brun foncé ou bleu foncé
. surtout pas le noir qui déprime

Recommandation:. éviter la solitude et de vivre dans un certain mutisme,
. s'ouvrir aux autres

Type :. féminin, Yin, négatif, Terre

DIX

10. Instabilité, changement, incertitude

Caractère :. présence d'esprit, sens de l'initiative
. opportuniste, pragmatique
. spontané, enthousiaste, humoriste
. sens de l'anticipation
. ingénieux, bout-en-train
. malin

. insouciant, imprévoyant, inquiet
. instable, aventureux
. spéculateur, inconséquent
. étourdi, négligent
. inadapté et inadaptable

Sentiments :. bohèmes, instables
. fantasques, déconcertant
. très attrayant
. capables du meilleur et du pire
. tout feu ou tout glace

Potentialités :. créateur de mode
. agent de change
. aventurier
. agent commercial

Santé :. très cyclique
. maladies psychosomatiques provoquées par un état d'anxiété, de bougeotte
. tout ce qui relève de la tête est à surveiller et principalement la gorge

Recommandation:. pierre qui roule n'amasse pas mousse
. avoir de la suite dans les idées

Couleur :. rouge corail ou jaune oranger

Type :. masculin, Yang, positif/négatif, Feu

ONZE

11. Courage, puissance mentale, endurance

Caractère :. calme, patient, doux
. sensible, énergique, lucide, fier
. entreprenant, courageux
. ferme, valeureux
. dynamique, souverain
. self-control, confiant

. colérique, impatient, nerveux
. dur, cruel, belliqueux, inflexible
. emporté, farouche, inébranlable

Sentiments :. ardents, passionnés
. important magnétisme sexuel
. rassurants
. dissipés ou vertueux
. n'admettant pas la médiocrité

Potentialités :. fonctionnarisme
. artiste, poète
. commerçant, artisan
. banquier, assureur

Santé :. anxiété
. hyperméticulosité morbide
. fragilité des extrémités du corps, avant-bras, mains, jambes, pieds

Couleur :. violet, turquoise

Recommandation:. pouvoir à bon escient maîtriser une force irrésistible et engendrer le courage

Type : féminin, Yin, négatif, Eau

DOUZE

12. Sens de l'abnégation, désintéressement

Caractère :. dévoué, soumis
. philanthrope, sincère
. oubli de soi, sens du devoir
. généreux, humaniste
. haute morale et moralité

. déloyal, faible
. non conformiste
. irrésolu se laissant ballotté
. utopiste, peu énergique

Sentiments :. altruistes, bienveillants
. doux, cherchant à plaire et faire plaisir
. se laissant facilement déjoués et bernés
. espiègles
. ardents
. tendance au sacrifice

Potentialités :. philosophe
. toute profession paramédicale
. secrétaire
. sociologue
. assistant social

Santé :. lombalgie
. déviation de la colonne vertébrale

. veiller à une alimentation saine de préférence du type diététique

Couleur :. blanc léger ou bleu pastel

Recommandation:. veiller à ne pas se laisser vampiriser ou castrer

Type : féminin, Yin, négatif, Air

TREIZE

13. Fin et recommencement nécessaires
Renouveau, désenchantement

Caractère :. intelligence pénétrante
. sévère et analytique
. détaché, peu liant
. résigné, stoïque
. désinvolte, sceptique
. primesautier, désintéressé

. pessimiste, découragé
. morbide, indolent
. blasé, défaitiste et ennuyeux
. fataliste

Sentiments :. sublimation
. mystiques, émotionnels
. égoïstes, orgueilleux
. généreux
. attirants
. sexualité importante si non sublimée
. ardents et fougueux
. jalousie

Potentialités :. action directe, dure
. travailleur infatigable
. lutteur et bâtisseur
. prêtrise

. chirurgien
. physicien
. psychiatre
. chercheur, géologue, atomiste

Santé :. troubles des voies évacuatrices
. troubles psychiques
. équilibrer les fluides et la lymphe
. moelle épinière

Couleur :. rouge sang foncé

Recommandation: beaucoup d'activités physiques surtout en groupes

Type : féminin, Yin, négatif, Eau

QUATORZE

14. Adaptabilité, sérénité, élévation

Caractère :. souple, accommodant, facile
. sociable, adaptable
. calme et acceptant les événements et sachant y faire face
. heureux de vivre
. magnétique, forte personnalité
. conciliant, ouvert à tout

. passif, versatile
. peu réaliste, rigide
. lunatique, imprévoyant
. personnalité peu marquée et peu marquante
. indifférent et se laissant ballotté

Sentiments :. bons, généreux
. chaleureux, adaptables
. profonds
. très affectueux
. si déçu sentimentalement, s'enfermerait dans une forme de solitude

Potentialités :. toute activité créatrice et évolutive
. aide à autrui
. médecine douce ou parallèle
. guérisseur, magnétiseur

Santé :. excellente, grande vitalité
. force de récupération rapide
. cordes vocales fragiles
. veiller à la bonne régénérescence des cellules et à la bonne oxygénation des muscles

Couleur :. bleu soutenu, bleu-roi

Recommandations: éviter tout ce qui peut créer un climat de tension

Type :. masculin, Yang, positif, Air

QUINZE

15. Passion, désirs, occultisme

Caractère :. possessif, dominateur
. dur, sournois
. courageux, vif
. éveillé, intelligent
. investigateur, mystérieux

. destructeur, vil
. violent, satanique
. matérialiste
. intéressé, profiteur
. intrigant, concupiscent

Sentiments :. très impulsifs
. charnels
. aimant et amant ou maîtresse
. le sexuel prédomine
. du moment, sans suite
. volages
. très sensitifs

Potentialités :. tout ce qui demande qu'une initiation soit donnée peu importe les domaines
. activités peu claires
. domaine de l'invisible
. sciences occultes,

. mage ou magicien ou encore sorcier
. aptitude aux gains, à gérer l'argent

Santé : . chez les femmes, tout ce qui touche au ventre et aux organes génitaux
. problèmes intestinaux chez les hommes
. difficultés aux genoux et aux jambes

Recommandation: . considérer la vie sur un plan plus harmonieux et ne pas s'accrocher aux choses trop bassement matérielles

Couleur : noir ou gris très foncé ou encore vert très foncé

Type : féminin, Yin, négatif, feu

SEIZE

16. Effondrement, chute, implosion ou explosion, destruction.

Caractère :. craintif, timide
. peu entreprenant
. bon sens
. sens de l'effort
. sérieux, honnête
. humble, bienveillant

. matérialiste, envieux
. impulsif, manque de clairvoyance
. malhonnête
. secret, peu communicatif

Sentiments :. difficiles à témoigner aux autres
. peur de s'attacher
. manque de souplesse et d'adaptation à autrui
. possessif au détriment de l'épanouissement de l'autre
. amoureux au bas niveau
. le physique prévaut sur le sentimental

Potentialités :. constructeur, bâtisseur
. entrepreneur
. pompier, militaire
. ingénieur de puits de pétrole
. tout ce qui relève de l'aménagement et de la reconstruction

Santé : . musculature solide
. sujette aux inflammations
. problèmes de bassin
hémorroïdes et autres troubles de l'anus

Couleur : rouge intense
éviter les teintes foncées

Type : masculin, Yang, positif, Terre

Recommandation: surtout ne pas nourrir des idées ou des sentiments destructeurs

DIX-SEPT

17. Douceur, réconfort, espérance, beauté

Caractère :. naturel, bon
. tendre, charmant
. chaleureux. facile
. droit, humble, artiste
. humain et humaniste
. affable, franc

. dévergondé, léger
. artificiel, rêveur
. peu de sens pratique
. manque de pudeur
. vite désarçonné
. indécis et utopiste
. manque de fermeté dans ses opinions

Sentiments :. romantisme
. poétiques
. ingénus
. très chaleureux et amoureux
. candides
. facilement influençables
. dépassement de soi pour les autres
. épicuristes

Potentialités :. recherche du bien être des autres
. apporte secours et réconfort

. toute tâche exigeant un dépassement de soi
. guide spirituel

Santé : florissante
. magnétisme
. sujette à des troubles lymphatiques
. fragilité osseuse
. organes génitaux masculins à surveiller

Couleur :. jaune grisâtre très légèrement

Recommandations:. ne pas être victime de son bon coeur et de son dévouement
. pouvoir avoir un peu de fermeté

Type : féminin, Yin, positif, Eau

DIX-HUIT

18. Mirages , illusions, imagination

Caractère :. passif, lunatique
. manque d'énergie, bonne mémoire
. fantasque, renfermé, paradoxal
. sensitif et émotionnel
. capable de se concentrer, tenace
. imaginatif pouvant être créatif si la passivité ne l'emporte pas
. peu adaptable et cependant adaptable

. imagination morbide
. aime la flatterie
. erreur de jugement
. très sujet à l'influence des éléments extérieurs
. superstitieux, peureux
. trompeur, lâche
. tendance à devenir paranoïaque

Sentiments :. sentimentalisme
. préfère recevoir que donner, c'est à dire conserve des sentiments de recherche de protection enfantine ou foetale
. très portés pour l'atmosphère familial
. sentiments en ventouse
. très romantique ou très misanthrope
. cachés, peu extériorisables

. sexualité profonde mais peu exprimée ou dominée par une pudeur maladive

Potentialités :. activités de laboratoire
. recherche
. création artistique dans la décoration
. soins de santé
. programmeur
. emploi sans grande responsabilité sauf exception

Santé :. circulation dans les jambes
. indispositions fréquentes d'origine émotionnelle
. migraines ou mauvaises digestions

Couleur : la couleur de la Lune est généralement argent brillant; ici, ce sera une couleur argent au brillant terni et se rapprochant du gris-vert

Recommandation:. vivre dans un carcan ne sert à rien.
. s'oxygéner et s'épanouir sont les deux objectifs premiers à poursuivre

Type : féminin, Yin, négatif, Eau

DIX-NEUF

19. Energie, chaleur, lumière

Caractère :. net, clair, direct, franc
. intelligent, fier
. sociable, amical
. généreux, noble
. entreprenant, ambitieux

. pédant, orgueilleux
. vaniteux, susceptible
. dissimulateur, irascible
. prétentieux, capricieux

Sentiments :. émotifs, bons
. amoureux, affectueux
. tendres, recherchant l'harmonie
. très portés pour la vie de couple
. s'exprimant dans la recherche de l'Art
. fidèles
. mais, oh paradoxe, ils peuvent être de glace

Potentialités :. toute position de dirigeant
. indépendant
. militaire de haut rang
. haut fonctionnaire
. financier
. toute activité quelconque où on puisse trouver l'harmonie entre ses aspirations et son moi profond

Santé :. fragilité des pieds
. coeur et circulation à surveiller
. colonne vertébrale
. grand sympathique
. solide en général

Couleur :. or, jaune éclatant, lumineux
. les tons fauves à dominance jaune

Recommandations: Eviter de se laisser envahir par un orgueil et une prétention qui ne conduiront le sujet qu'à être détesté

Type :. Masculin, Yang, positif, Feu

VINGT

20. Bilan, appréciations, inspiration

Caractère :. réservé, méditatif
. inspiré, confiant
. religieux, sociable
. compréhensif, curieux
. agréable, toujours ouvert
. gai

. illuminé, agité
. démagogue
. peu pondéré, fanatique
. tendance à la folie

Sentiments :. sensibles
. dévoués, religieux
. réservés, purs
. vengeurs par frustration

Potentialités :. religieux, prêtre, moine
. animateur d'activités socio-culturelles ou religieuses
. fanatique, bandit ou dictateur
. se laisserait facilement dominé par des idées ou on ferait miroiter l'euphorie, la richesse, la puissance

Santé :. longévité
. problèmes digestifs et gastriques

. fragilité des extrémités comme les doigts et les orteils

Couleur :. argent ou gris très clair légèrement brillant

Recommandation: Garder la tête froide et toujours avoir à l'esprit que nous sommes des Etres Humains

Type : féminin, Yin, négatif, Eau

VINGT ET UN

21. Enrichissement, triomphe, apothéose

Caractère :. décidé, franc, ambitieux
. malin, intelligent, subtil
. honnête, intègre,
. idéaliste, noble, prodigue
. stable, solide, sociable
. réconfortant, enthousiasmant

. asocial
. distrait, dispersé
. manque de concentration
. oublieux, prétentieux, fat
. égoïste et avare
. arriviste

Sentiments :. noblesse de coeur
. sentiments profonds, chaleureux
. sans contrainte, naturels
. méprisant les tabous
. préoccupés du bonheur des autres
. riches

Potentialités :. toute activité à caractère hautement sociale
. position dirigeante
. conseiller en tout genre avec la recherche profonde de l'épanouissement ou du bien-être d'autrui
. grand financier

Santé :. excellente
. contrôle régulier et maintien du bon fonctionnement des organes vitaux pouvant assuré une longue vie
. fragilité psychique possible selon le caractère

Couleur :. jaune-rouge ou oranger où la couleur or domine

Recommandations:. Ne pas croire que l'on sait tout et que l'on peut tout. La modestie est de règle et le triomphe discret.

Type : Féminin, Yin, positif, Air/Terre/Eau/Feu

VINGT DEUX

22. Stupidité, inconscience, impersonnalité, aliénation

Caractère :. passif, insouciant
. innocent, peu réaliste
. instinctif, nerveux
. inconstant, instable
. aventurier

. fou, aveugle
. illuminé dangereux
. sans scrupules
. esclave de ses passions ou de ses instincts

Sentiments :. personnels et égoïstes par passivité
. liés au foetus
. fuyant
. sordides, mus par le physique
. attachés à la famille, aux traditions
. peur de s'impliquer

Potentialités :. le parfait raté
. le fou
. l'illuminé, le fanatique
. excellent sujet pour l'hypnose

Santé :. psychologique défaillant
. perte d'équilibre
. pieds fragiles au propre et au figuré

Couleur :. bleu foncé mélangé de gris anthracite ou encore gris foncé

Recommandations:. Prendre le courage à bout de bras pour faire table rase et agir en Etre humain responsable

Type : Masculin/féminin, positif/négatif
Yang/yin, Air/eau

LES INDICATEURS DES LETTRES

La correspondance numérologique des lettres est basée sur l'Alephbeth ou alphabet hébraïque.

Un tableau en a été donné dans les pages précédentes.

Pour rappel, en voici les valeurs :

A = 1	B = 2	C = 11	D = 4
E = 5	F = 17	G = 3	H = 8
I = 9	J = 10	K = 11	L = 12
M = 13	N = 14	O = 22	P = 17
Q = 19	R = 20	S = 15	T = 9
U = 6	V = 6	W = 6	X = 18
Y = 10	Z = 7	C = 21	

Quelques particularités :

C lorsque il est de son dur vaut 11 tandis que lorsque C est sifflant, sa valeur est 15.

La diphtongue 'OU' vaut 6. Cela résulte de la prononciation de la lettre hébraïque "Waw"ou "Vau" qui est à la fois consonne et voyelle dans l'alphabet hébreu.

La finale “beth” vaut 2. C’est la “Beth “hébraïque.

Exemple, le prénom Elisabeth : l’ensemble des quatre dernières lettres ne fait qu’un et vaut 2.

M final vaut 24 et N final vaut 25.

Ces valeurs peuvent se décomposer de deux manières :

soit en somme théosophique : 24 = 2 + 4 = 6
25 = 2 + 5 = 7

soit en soustrayant 22, ce qui donne : 24 - 22 = 2
25 - 22 = 3

soit en soustraction théosophique : 24 = 4 - 2 = 2
25 = 5 - 2 = 3

Les deux dernières méthodes donnent des résultats semblables.

Elles seraient préférables à la première d’autant plus que si nous reprenons les valeurs de base des lettres M et N et que nous réalisons la soustraction théosophique, nous obtenons les mêmes chiffres :

M = 13 = 3 - 1 = 2
N = 14 = 4 - 1 = 3

Deux autres particularités qui peuvent apparaître comme un écartement de la base de l’alphabet hébraïque :

I et O.

I devrait valoir 10

Nous y avons vu le symbole de l’’Isolement’ et aussi de l’’Intelligence’ profonde.

I entre dans la composition de Y avec la lettre J.

J vaut 10

Y vaut aussi 10

Y = 1 + J soit 9 + 10 = 19 = 1 + 9 = 10 en somme théosophique.

O = 22
O, c'est le cercle, le zéro.

La symbolisation du Soleil en Astrologie est un Cercle au centre duquel se trouve un point.

Ce point est le symbole de l'émanation d'une origine, d'une source d'énergie au départ du Néant ou du Cosmos.

Le Néant, c'est le cercle.

Or, le "Fou" ou le "Mat" du Tarot représente une origine, un départ de quelque chose, un recommencement à ne pas confondre avec un renouveau comme peut le symboliser le 13.

Avec le "Fou", c'est comme si on retournait à la case "Départ" du jeu de l'Oie.'O', c'est cette case.

Les explications de ces particularités peuvent être contestées.
A mon point de vue, je les considère justifiées.

Ph = 17 tout comme le P

Ch = 21 tout comme le C qui n'est ni dur, ni sifflant.
C'est un C chaud.

Les lettres peuvent être regroupées en quatre catégories; chacune de ces catégories définit à première vue une tendance particulière.

Intelligence ou cérébralité	: E F G H L P 'ch' 'Ph'
Intuition	: B C I K R T X
Emotivité	: N S U V W 'OU' C(sifflant)
Physique ou activité	: A D J M O Q Y Z

Exemple : le prénom Pierre = P, 2 x E = 3 lettres d intelligence
I, 2 x R = 3 lettres d'intuition

Ce prénom traduit un mariage de raison entre une faculté pure et naturelle, l'Intuition, et les qualités de l'Intelligence et de l Esprit.

C'est aussi un prénom composé de 6 lettres.

Les indicateurs du nombre 6 peuvent être également considérés.

Les caractéristiques majeures des lettres sont :

A : Lettre active. Astuce, autonomie, autorité, initiative, indépendance, action, habileté

En première lettre d'un prénom ou d'un nom, A indique une forte tendance à l'indépendance, à l'exagération ou à la démonstration de ses qualités et aussi défauts.

Cette lettre répétée plusieurs fois dans les prénoms et nom de famille indiquera que la personne est assez égocentrique, égoïste même et recherchera surtout la satisfaction d'elle-même, peu importe les moyens.

B : Intuition. Perception. C'est une lettre de réflexion. Elle donne confiance. Introversion, sentimentalité, réserve, magnétisme.

En première lettre d'un prénom ou d'un nom, elle indique une grande émotivité due à une trop grande perception naturelle. Le mystère est attirant d'où la tendance à tout ce qui est religieux ou mystique.

Cette lettre plusieurs fois répétées indiquera que l'on subit énormément les influences de toute nature; la passivité et les sentiments de possession (non matérielle) sont très développés.

C = K : deux lettres assez semblables : Intuition mêlée d'intelligence. Si le C peut donner un bon esprit de compréhension et d'ouverture aux autres, le K, par contre, s'associera de crainte et d'angoisse pour ne pas se laisser découvrir.

Plusieurs C apporteront un grand désir de communications, de l'optimisme.
Plusieurs K accentueront les angoisses et la nervosité ainsi qu'une plus grande passivité.

C, en première lettre, est certainement un indice d'idéal et d'optimisme. Mais si en plus, il y a répétition de lettres, la vanité, la prétention seront marquantes.

Le K, dans les mêmes conditions, apportera peu d'enthousiasme et développera davantage des sentiments négatifs et peu sociables.

D : Lettre active et physique. Force, droiture, action nette tranchante, efficacité, extraversion.

En première lettre, fermeté, domination, direction, esprit ne faisant guère de concession. C'est le donjon inébranlable.

Plusieurs fois répétées, le D donnera des possibilités de dictature, de tyrannie, d'en-têtement surtout par égoïsme.

E : Intelligence. Cérébralité. Bon sens, logique, moralité, générosité, humanisme.

En tête de prénom ou de nom, E apportera des tendances à vouloir se préoccuper des autres, à vouloir les guider les conseiller.

En répétition du E, le sectarisme, le fanatisme, l'intransigeance témoigneront de l'étroitesse de vue. Les remarques ne seront que très rarement judicieuses.

F : Intelligence. Activité. C'est la foi en les autres, la douceur, l'action fertilisante,le réconfort.

En première lettre de prénom ou nom, ce sera le dévouement aux autres, une espèce de sacerdoce, on désire assurer le bien-être et s'engager avec responsabilité dans cette voie.

En lettres répétitives, on risque de faire fausse route et de se laisser obnubiler car le sens pratique fera défaut.

G : Intelligence. C'est la lettre maîtresse de l'intelligence mise au service de la connaissance.
On veut connaître et évoluer spirituellement.

Lettre première : investigation, recherche, esprit assez cartésien mais très souple et ouvert, philosophie.

Plusieurs G peuvent donner un excès d'intelligence et une volonté d'en faire étalage. La modestie et la sobriété seraient oubliées.

H : Intelligence et activité mises au service du social.
On veut harmoniser, trouver le juste milieu, équilibrer les relations, sens profond de la justice et de l'équité.

En première lettre, H donnera une volonté à créer des ambiances apaisantes, agréables. On sera attiré vers des fonctions du type Salomon, un juge intègre et humain.

En répétition, on pourrait perdre le caractère humaniste de ses actions car on resterait trop rivé à des dogmes ou règlements que l'on respecterait d'une manière un peu trop aveugle.

I : Intuition. C'est une intuition mêlée à de l'intelligence.
On veut comprendre, investiguer, rechercher la voie à suivre, retrouver ses sources intuitives. On s'isole.

I en première lettre, il y a de la raideur dans les contacts.
On préfère vivre seul, indépendant et en introverti.
On pourra trouver la lumière, ce sera alors bénéfique.

Plusieurs fois la lettre I, ce sera une forme de misanthropie, de vie monacale, l'intuition est dérangée et, par conséquent, on risque de trouver une personnalité souvent désorientée.

J : Activité, action physique. On jongle avec tout. On veut créer, on veut vivre. Rien ne rebute.
Il est difficile de rester en place.

J en première lettre donne un net sentiment d'égocentrisme, d'égoïsme, d'arrivisme. On veut être "moi" ou "je".
On veut rester indépendant.

Une répétition de J marquera une vie instable, on aura difficile à se mettre au diapason des choses et des gens et, par conséquent, on se laissera pousser par le vent sans aucune suite valable dans les idées, d'où inconséquence des actes,

L : intelligence. C'est l'intelligence de la liberté. Liberté de pensées, liberté d'actions sans contrainte.

L, première lettre, confère une attitude vive, un esprit subtil, vivace. L'action ou la décision est rapide et le plus souvent accompagnée du succès.

En répétition des L, on trouverait en plus de l'utopie, un certain penchant pour une inaction ou encore pour des sautes d'humeur où, par esprit de contestation, on deviendrait malhonnête et déloyal.

M: Physique. Mouvement irréversible, inexorable.
On construit, on rénove, on veut se restabiliser.
C'est la dure loi de la vie. Il faut se battre, il faut lutter. Mais, il faut faire oubli de soi.

M, première lettre, c'est la fermeté dans la matière qu'il faut retravailler, faire renaître. C'est mettre brique par brique pour reconstruire quelque chose de solide.
Il faut être dur avec soi-même. Ou bien on est matérialiste ou bien on est spiritualiste.

Plusieurs M peut créer ou développer des idées dévastatrices, on se détruit tout en détruisant les autres.

N : Emotivité. Sentiments. La sensibilité est grande et on désire agir en tenant compte des autres.
On est capable de faire face à toute situation et d'en tirer le meilleur parti.
On s'adapte.

En première lettre, N donne un esprit de novation dans le comportement pour atteindre la plus grande largeur de vue possible. L'être est magnétique, fluidique. Il réchauffe, il améliore les situations difficiles.

Des N répétés peuvent rendre versatile et irréaliste.
On entretient un climat artificiel d'euphorie.
L'imagination sera grande mais non fertile.

O : Activité. Réactivité ou réactivation. On agit par instinct un peu comme un animal. Aujourd'hui ici, demain là. On ne fait rien de valable.
Et pourtant, il faut avoir le courage d'avancer, de faire face.

O en première lettre montre un désir de se détacher du passé mais on est maladroit. Il est nécessaire d'avoir un stimulant. S'apitoyer sur son sort ne sert à rien.

Plusieurs O donnent de sérieuses difficultés à voir clair, à trouver sa voie, son chemin. Le raisonnement fait défaut.
Le peu d'intelligence que l'on a encore devrait éviter le pire.

P : Intelligence. C'est l'intelligence qui vient au secours.
La pondération est maîtresse. On réfléchit avant d'agir et on désire agir bien aussi agréablement pour soi que pour les autres.

P, première lettre, c'est la retenue, une certaine pudeur, une certaine sobriété dans les actes et les paroles.
On désire apporter réconfort.

Un excès de P ce serait de la naïveté et les désillusions.

Q : Physique et activité. Les qualités fondamentales ressortent.
On veut les utiliser, on les développe, on les active et on rayonne.
C'est de l'énergie innée que l'on désire faire partager.

Q en première lettre, c'est la quintessence de tout.
Rien ni personne ne peut éteindre ce feu de qualités.
Elles ne demandent qu'à être utilisées en bien.

Si par hasard, il y avait plusieurs Q, cela créerait une aridité intolérable des qualités avec à contre-pied tout ce que l'on peut imaginer.

R : Intuition. Cette intuition est très sensorielle et très émotive. Autrement dit, c'est l'intuition de l'âme et non du corps. D'où une très grande réserve qui crée des tensions internes.

R, première lettre, l'âme est profonde, elle est sensible.
Le mental est important. On peut percevoir l'invisible, l'impalpable, atteindre des cimes connues uniquement de soi.
Si on peut les faire partager, on est heureux.

La répétition de R peut développer des perturbations psychiques surtout dues à l'intensification des conflits intérieurs, difficiles à résoudre.

S : Emotivité. Sentimentalité.
Lettre sensitive par dessus tout.
Les sentiments sont grands. Le romantisme n'est pas loin.

En première lettre, ce serait presque le S de 'start', mais des départs, il peut y en avoir plusieurs.
On recherche surtout à vivre en symbiose avec ses sentiments ou encore sa sentimentalité, cette sentimentalité que l'on veut réfréner. On manque un peu de sûreté de soi et on peut alors prendre des décisions qui peuvent paraître illogiques. Elles sont guidées non pas par la raison mais par l'intuition et le coeur.

S répétés, non seulement apportent une sentimentalité exacerbante que l'on veut maîtriser ou pas. C'est une situation conflictuelle interne qui peut créer l'indécision.

T : Intuition. C'est l'intangible tangible. C'est l'intuition de la Terre, ce que l'on perçoit au travers du matériel. On pourrait dire que c'est la clarté dans les ténèbres.

En première lettre, T est difficile à cerner car le manque de réalisme, d'esprit concret opposé à une clairvoyance profonde rend pénible soit de poser des actes soit d'émettre des idées par peur d'être incompris.

Une répétition des T pourrait accentuer l'impénétrabilité et l'incompréhension de la personne. Ce serait très ténébreux.

U V W 'OU' toutes lettres émotives et très proches l'une de l'autre. Elles ne se différencient, en effet, que par une question de prononciation.
On ressent très fort les contacts avec autrui.
On les recherche, on aime les autres.
Mais on veut être maître du jeu quelqu'en soit le plan ou le champ.

U en première lettre apporte une certain esprit d'universalité. Il peut donc y avoir des difficultés à trancher ou à conduire ses affaires dans une voie à choisir.

V, en première lettre, amène plus facilement le choix et il est pris en pleine conscience, sans influence d'aucune sorte sauf peut-être celle de la voix cosmique.

W, première lettre, c'est la décision impulsive où le matériel l'emporte davantage sur toute chose.

Si 'OU' existe en premières lettres, il faudra sortir du néant en s'ouvrant au monde et ce sera ce que l'on fera.

Plusieurs U, par une grande diversité ou universalité, rendront toute tâche de décision très pénible et une décision sera trop souvent prise par lassitude, pour en finir. Sera-t-elle la bonne?

Plusieurs V seraient un appel du Cosmos. On serait mû par des voix de l'espace, de l'au-delà ou d'outre-tombe.

Les W apportent un besoin d'assouvir sa recherche de biens matériels avec tous les excès que cela peut comporter.

X : Intuition. Intuition rentrée, de défense.
C'est la raison ou les sentiments ou encore la recherche de protection.

X, première lettre, c'est la recherche des amitiés.

Il n'y a pas de frontière ni d'exclusive. C'est la fraternié universelle.

Plusieurs X apporteront des troubles psychologiques et on pourrait en arriver à éviter de rencontrer les autres.

Y : Activité. Acuité visuelle ou spirituelle ou encore cosmique.
On peut voir clair car on en a les capacités.
Là où pour un autre c'est flou, c'est voilé, pour le Y le flou n'existe pas et le voile a été déchiré. Les changements de cap sont toutefois pénibles à supporter.

Y en première lettre apporte une certaine douceur. On perçoit très vite ce que les autres perçoivent plus tard ou pas du tout. Il y a une forme de clairvoyance.

Y en répétition révèlera l'inadaptation et l'imprévoyance.

Z : Activité. Physique. Triomphe. Supériorité.
Le A commençait l'alphabet et donnait l'astuce, l'indépendance, le sens de l'initiative, l'habileté.
Le Z est la dernière lettre de cet alphabet. C'est l'avantage de bénéficier des expériences d'autrui. On tire les marrons du feu.

Z, première lettre, c'est le triomphe de soi et sur les autres.
On est le maître des événements.

En répétition de Z, cela pourrait être catastrophique sur le plan relationnel. Le triomphe ne serait guère modeste et il ne résulterait que des moyens peu recommandables.

Le 'Ch' et le 'Ph' se retrouvent le plus souvent en début de nom ou de prénom. Ces deux groupes de lettres témoigneront de la même recherche. L'un sera plus optimiste que le H seul tandis que un peu de fermeté en ressortira, l'autre sera plus calfeutré et plus calfeutrant.

C ou ç devra être interprété en tenant compte du K et du S, c'est à dire qu'il faudra trouver un juste milieu entre les caractéristiques de ces deux lettres. Elles pourront soit renforcer ou atténuer l'allure générale de l'interprétation du thème.

Nous sommes arrivés au terme des indications ou données caractérisant les signes astrologiques, les planètes, les Tarots et les nombres.

Dans son livre intitulé " Cours supérieur d'horoscopie onomantique" publié en 1934 aux Editions Drouin, M.C. Poinsot écrit : 'si un occultiste attribue un nom, un nombre, un signe tout comme une lame du Tarot à tel génie (ou planète, ou qu'il leur donne des significations) qu'il s'y tienne ensuite, il recrée une tradition, une force occulte valable".

Citant dans le même ouvrage un article de J.R. Bost écrit dans "Le Chariot",

> -"Les Soleils peuvent naître, des mondes peuvent mourir, des planètes inconnues surgir dans les téléscopes, rien ne change, rien ne transforme l'Astrologie Onomantique parce qu'elle n'est aucunement matérielle et conserve en elle le secret de toutes les influences"-

M.C. Poinsot écrit 'Voilà qui est fort bien dit'.

Toutes les données, indications et interprétations qui vous ont été communiquées ne vous donneront peut-être pas une satisfaction complète.

C'est à l'intuition de chacun de compléter, de nuancer cet ensemble qui contient les trames de la Destinée.

C'est encore à l'intuition qu'il faut faire appel pour résoudre l'embarras dans lequel vous vous trouverez et où je me suis également trouvé pour essayer de donner une interprétation cohérente alors que parfois, il apparaissait des contradictions avec ce que pouvait penser la personne qui me demandait conseil.

Souvent d'ailleurs, après mûres réflexions, cette personne reprenait contact avec moi pour m'informer que mon interprétation et mes commentaires lui avaient ouvert les yeux et elle y souscrivait.

Dans cet ordre d'idées, je citerai une phrase d'Oswald Wirth qui dit " deviner, c'est imaginer juste ".

Dans les pages qui suivent, vous trouverez une méthode pour établir une analyse d'une personne.

Ce type d'approche, avec l'esprit imaginatif, peut s'appliquer à bien des champs de recherche. Vous en aurez l'un ou l'autre exemple.

METHODE D'ANALYSE

Pour appuyer la méthode d'analyse proposée, pourquoi ne pas utiliser les données qui concerne l'auteur ?

Bien des exemples repris d'une longue expérience des études astrologiques et numérologiques pouvaient servir de base.
Les lecteurs auraient eu tout loisir de les contester et les esprits critiques en auraient sans doute conclu que ces exemples avaient été créés de toute pièce.

Parler de soi semblera être le reflet d'un certain exhibitionnisme ou d'un forme d'auto-portrait.

Des peintres ont fait leur auto-portrait, des écrivains ont développé leur auto-biographie, des poètes se sont chantés dans leurs poèmes, des musiciens ont transposé leur caractère dans leurs compositions musicales.

Je n'ai guère peur de me "mouiller" et, même si vous en apprenez beaucoup sur l'auteur, cela n'est guère gênant car, c'est une manière de vous faire confiance.

En vous faisant confiance, vous aurez sans doute davantage confiance dans la méthode qui vous est proposée.
Elle est de pur bon sens.

1. LE NOMBRE NATAL.

Le Nombre natal est basé sur les constituants de la date de naissance.

23 décembre 1929 ou 23.12.1929.

Signe du Capricorne.
(En Astrologie sidérale, signe du Sagittaire).

Reprenons les caractéristiques générales du signe du Capricorne que nous avons décrites

Le Signe du Capricorne confère de l'intuition, de la résistance, de l'endurance et un esprit analytique ou de recherche.

C'est un être timide, réservé, profondément sentimental. Il a le sens des responsabilités et du devoir. Il n'aime pas l'injustice.

C'est une personnalité influençable et fragile si les événements ou les idées la contrecarent très violemment. Elle admet le dialogue pour autant que ses interlocuteurs lui expliquent le pourquoi et le comment.

Le Capricorne est capable de se renfermer, d'être taiseux, ombrageux même mais ce n'est jamais de la mauvaise humeur.

Il cache sous un dehors froid, dur, une timidité et une sentimentalité dont il craint la moquerie.

Nous nous trouvons devant un Capricorne subissant une forte influence du Sagittaire. L'amour de la recherche, de l'étude philosophique ou autre s'allie à une bonne intelligence et à l'enthousiasme.

Il peut y avoir des sentiments de frustration mais c'est un être adaptable capable de faire face à toute situation ou événement et d'y apporter des solutions de bon sens.

Un peu rigide parfois, mais il aime une certaine forme de discipline et c'est un travailleur consciencieux.

Le premier décan donne un sens de la justice, de l'équité.
Ses visions sont larges, souvent un temps avant les autres.
Il est cependant sujet à des crises de manque de confiance en lui et aussi de découragement.
Il a la grande faculté de reprendre très vite le dessus.

23 12 1929 = 2 + 3 + 1 + 2 + 1 + 9 + 2 + 9 = 29
C'est ce que l'on appelle faire la somme théosophique de la date de naissance.

Le nombre 29 doit être analysé de deux manières :

29 = 2 + 9 = 11
29 - 22 = 7
(22 représentant ici le nombre d'arcanes majeurs du Tarot ou de lettres de l'Alephbeth).

11: l'arcane représentant La Force dans le Tarot.
C'est un amalgame extraordinaire où raison, sentiments, volonté, idéal sont la source du triomphe.
L'endurance et le courage sont d'autres ingrédients qui permettent de mener à bien ce que l'on veut.

11: la planète Neptune.
Toute idée générée est floue au départ, mal définie, mais c'est une force qui pousse à agir, une force indéfinie, constante. Elle ne peut s'arrêter.
C'est une force irrationnelle, mystique, celle qui ferait soulever des montagnes. Elle doit être conduite et maîtrisée.
Neptune peut amener aux hautes cimes spirituelles.

7: l'arcane Le Chariot du Tarot.
C'est l'image même de l'harmonie entre le spirituel et le physique. Les deux sont inéluctablement attachés l'un à l'autre.
Il faut de la fermeté et de la confiance en soi.
Tout manque de maîtrise fera friser la catastrophe.

Le libre arbitre et l'esprit d'indépendance primeront.
Il faudra innover, changer, s'adapter très rapidement et faire face positivement à toute situation imprévue, soudaine.
C'est une personnalité conflictuelle en perpétuelle recherche et aspiration de tout genre mais évolutive.

Le premier décan du Capricorne dans lequel se situe la date de naissance est gouverné d'une part par Saturne, planète du signe et par Jupiter, planète influançant ce premier décan.

Saturne a pour valeur 9 tandis que Jupiter a pour valeur 5. La somme théosophique donne 9 + 5 = 14

14: La Tempérance dans le Tarot.
Elle donne des facultés d'adaptation, de souplesse.
Elle rend sensible au monde extérieur et permet de percevoir plus facilement les choses. Elle oblige d'être en éveil.
Elle permet d'évoluer favorablement.

Les planètes apportent une grande influence.
Nous trouvons par les nombres ci-dessus :

9 : Saturne: C'est du construit avec lenteur, réflexion.
C'est la stabilité en fin de parcours.
C'est le taiseux, le mélancolique.
C'est le sens du devoir. Egoïsme ? Peut-être ?

5 : Jupiter : C'est la générosité la philanthropie, un esprit libéral, franc, juste, respectueux des gens et des lois.
(Pour la petite histoire, l'auteur a milité au sein du Parti Libéral de Belgique).
C'est aussi la grande aventure par démarche intellectuelle ou par besoin de voir du neuf ou tout autre chose.

14 : Cérès : C'est l'évolution vers la maîtrise de soi.
C'est aussi la maturité qui mène à prendre intérêt aux autres et à les protéger.

Au fond, on pourrait déjà tirer ici une petite conclusion sur cette combinaison 9 - 5 - 14 :

. le temps, les débuts difficiles, un certain frein dans l'évolution mais recherche en tout

. la générosité, l'esprit libéral, les domaines philosophiques se développent

. l'évolution est en marche vers les autres.

Trouvons maintenant ce que nous disent les trois arcanes du Tarot correspondant à ces 3 nombres :

9 : l'Ermite. C'est le temps qui arrange tout. Il ne faut pas être pressé.
C'est la réflexion qui est utile et qui nécessite un passage obligé.
Attention au repli sur soi-même et de refuser de se dévouer aux autres.
C'est le Sage qui pénètre, qui fouille dans le tréfonds de l'âme, de l'esprit, des idées, du comportement, de ce qui peut paraître mystérieux.

5 : le Pape. Le Pape dit "Ecoutez-moi, je vous mènerai sur les chemins qui vous conduiront au sàvoir et à la réalisation de vous-même".
C'est un idéaliste qui a foi en l'Homme, un conciliateur.
C'est l'indulgence et la bienveillance.
Mais attention de bien comprendre le symbolisme de ses mots.
L'intolérance pourrait n'être pas loin.

14 : La Tempérance.
La Vie est régénérée, réactivée.
C'est un peu la préparation vers le résultat de la récolte.
Elle régularise tout.

Les facultés d'adaptation et de souplesse se développent.
Sens du social et de la communication.
Possibilité de climat de tensions internes.

Il y a aussi un élément très important qui va influencer notre naissance et dont les rayons cosmiques, planétaires et autres, nous marqueront pour l'ensemble de notre vie.

Ce sont les planètes du jour et de l'heure de naissance.

Bien sûr, beaucoup ne connaissent pas leur heure de naissance.

Néanmoins, une heure approximative est, dans la majorité des cas, assez bien connue.

Comment connaître le jour de naissance ?

D'une part, on peut consulter les Ephémérides. Tout le monde n'en dispose pas.
Voici une méthode :

D'abord, retenir les codes des tableaux suivants :

Jour de semaine		Planète	Mois	
Lundi	1	Lune	Janvier	0
Mardi	2	Mars	Février	3
Mercredi	3	Mercure	Mars	3
Jeudi	4	Jupiter	Avril	6
Vendredi	5	Vénus	Mai	1
Samedi	6	Saturne	Juin	4
Dimanche	0	Soleil	Juillet	6
			Août	2
			Septembre	5
			Octobre	0
			Novembre	3
			Décembre	5

Pour les naissance au cours de ce XXe siècle, on ne considère que les deux derniers chiffres de l'année.

Exemple : 1929 : 29

Calculs : année	:	29
mois : décembre	:	5 (voir tableau ci-dessus)
jour : date	:	23
1/4 de l'année	:	
29 : 4	:	7
Total	:	64

Donc, nous avons procéder à une addition de divers éléments.

Le total de cette addition, nous allons le diviser par 7 et le reste de cette division nous donnera le code du jour dont nous retrouverons le nom dans le tableau ci-dessus.

64 : 7 = 9 reste 1 = Lundi

La planète du jour de naissance est donc la Lune.

Pour connaître la planète de l'heure de naissance, nous pouvons avoir recours à deux méthodes.

La première consiste à utiliser le Calendrier des Heures Planétaires de Georges Muchery qui se base sur sept planètes.

La deuxième méthode se base sur les dix planètes et nécessite de petits calculs.

En tenant compte que nous nous trouvons sur la terre, nous considérerons les dix planètes selon leur vitesse.

Nous avons indiqué ces éléments dans le chapitre sur les planètes.

L'ordre est donc : Lune - Mercure - Vénus - Soleil - Mars - Jupiter- Saturne - Uranus - Neptune - Pluton.

Dans l'exemple, la date de naissance est le lundi 23 décembre 1929 à 11 h 30.

Dans le calendrier des Heures Planétaires de Muchery, nous trouvons pour le 20 décembre à 11 h 08 le nombre 6.

Ce nombre 6, dans la colonne du jour (Lundi) correspond à la planète Vénus.

Une autre méthode consiste à considérer les temps diurnes et nocturnes des planètes soit entre le lever et le coucher du Soleil, soit entre le coucher et le lever du Soleil.

A la date de naissance mentionnée, le lever du Soleil était à 8 h 24 et le coucher à 16 h 20, soit un espace diurne de 7 h 56.

Les dix planètes parcourent cet espace temps sur la journée, soit pour chacune environ 47 minutes.

Entre 8 h 24, heure du lever du Soleil, et l'heure de naissance le temps écoulé est de 2 h 54' ou 174 minutes.

La planète de l'heure de naissance sera : 174 : 47 = 3,7 c'est à dire que l'heure de naissance sera toujours dans l'espace temps parcouru par la planète 3 soit Vénus, dans l'ordre des vitesses.

Il n'y a guère de différence par rapport à la méthode de Muchery.

Mais ce ne sera pas toujours le cas.

En effet, Muchery ne se base que sur les sept planètes alors que nous nous basons sur les dix en tenant compte que nous sommes sur la terre.

C'est pourquoi, bien qu'elle nécessite de petits calculs, nous préférons notre méthode qui nous paraît plus adéquate.

Si l'heure de naissance est inconnue, nous suggérons de considérer Midi pour les personnes nées entre 6 h et 18 h et Minuit pour les personnes nées entre 18 h et 6 h 00.

Quelques particularités que l'on peut retirer de la planète du jour, la Lune, et de la planète de l'heure, Vénus :

La Lune = Caractère réservé mais néanmoins porté vers le public
Introversion, réflexion, intuition
Magnétisme, réceptivité.

Vénus = Douceur, compréhension, beauté
Esprit de conciliation, de générosité
Hypersensibilité, ouverture vers les autres, amour.

Comment déterminer le Nombre natal ou Nombre planétaire ?

Il nous suffit d'additionner le nombre des planètes que nous avons trouvées et analysées .

- 11 Neptune (comme par hasard, l'Ascendant du natif est en Poissons, signe régi par Neptune)
- 9 Saturne
- 5 Jupiter
- 2 Lune
- 6 Vénus

Total 33

33 = 3 + 3 = 6 ou Vénus

Dans l'analyse du natif, il sera important de considérer en premier lieu la planète natale et ensuite les autres dans l'ordre indiqué.

Pour terminer sur le nombre natal ou planétaire, il sera judicieux de considérer l'arcane du Tarot qui, dans ce cas, sera 33 - 22 = 11 ou la Force (voir aussi Neptune).

Quelques mots clefs : Vénus : libre arbitre - amour
Force : dynamisme - confiance

Les lectrices et lecteurs pourront tout à loisir rechercher d'autres indications et se forger une synthèse plus complète.

2. LE NOMBRE HÉRÉDITAIRE.

Noms de Famille.

En général, une étude numérologique ne porte que sur l'analyse du nom de famille donné par le père ou la mère dans certains cas.

Or, il m'a paru important de tenir compte des noms de famille des deux géniteurs, le père et la mère.

On pourra rétorquer que lorsqu'il y a eu adoption, les noms ne sont pas nécessairement ceux des géniteurs.

Ce sont des cas exceptionnels qui nécessitent de tenir compte des noms que l'on connaît.

Les familles dont nous sommes issus représentent des acquis, des traditions, des événements, des personnalités, des caractères qui, même que nous ne l'acceptions pas, nous ont été transmis par les gènes procréateurs.

Nous en subissons, nous en avons subi, nous en subirons les influences dans un sens ou dans un autre.

Notre libre arbitre nous dicte cependant d'adopter envers elles les attitudes les plus positives possibles.

Certains appelleront cela le KARMA. Si on veut et selon ses propres convictions.

Nom du père : STASSEN
Nom de la mère : LIETARD

Que nous indiquent ces lettres ?

S = 15	L = 12
T = 9	I = 9
A = 1	E = 5
S = 15	T = 9
S = 15	A = 1
E = 5	R = 20
N = 25	D = 4
Total = 85	= 60

85 + 60 = 145 = 1 + 4 + 5 = 10

145 - 6x22 = 13

10: C'est l'incertitude, le changement, une certaine forme d'instabilité.

Avoir de la suite dans les idées.

C'est aussi pierre qui roule n'amasse pas mousse. Il y a possibilité d'être maître de sa destinée mais il faut voir clair et apprendre à saisir le fil conducteur adéquat.

10 c'est aussi : 1 + 0

L'indépendance, la créativité et pour ce faire il faut apprendre à canaliser ses capacités sinon ce sera le néant ou rien (zéro).

13: C'est à la fois le désenchantement et, par conséquent, des fins avec des renouveaux nécessaires. Il faut recommencer en balayant. Il faut apprendre à vivre avec les autres, en groupes. Une recherche en profondeur s'impose pour reconstruire avec toute la clarté de l'esprit, des idées afin de pouvoir poser les actes qui s'imposent.

Ce sera rechercher le Soleil ou Pluton, vivre dans la lumière ou dans l'ombre.

Analysons maintenant les types de lettres :

- actives :	2 x A 1 x D soit 3 lettres
- intuitives :	1 x I 1 x R 1 x T soit 3 lettres
- émotives :	1 x N 1 x S 2 x T soit 5 lettres
- intelligence :	2 x E 1 x L soit 3 lettres

- physiques : aucune

On peut facilement en conclure que la personne sera le plus souvent confrontée avec des réactions émotionnelles et que tout ce qui relève du physique ou du matériel sera peu considéré.

Voilà encore d'autres éléments à prendre en considération pour mener sa vie au mieux.

Les nombres des lettres se répartissent comme suit :

3 x 15
3 x 9
2 x 1
2 x 5
1 x 4
1 x 12
1 x 25
1 x 20

Les dominantes 15 et 9 attirent l'attention sur des tendances par excès comme :

- pour le 15: possession, dureté, mystère, intelligence, matérialisme, esprit de destruction, sexualité. Ce sont la passion, l'occultisme, les désirs.

- pour le 9 : réserve, solitude, travail, silence, indécision, angoisse, misanthropie, affection bloquée. Ce sont la temporisation, le concentration, la réserve.

Voilà le troisième groupe d'éléments karmiques.

Du côtés de mon père, j'eus des grands parents stricts.
Mon père était quelque peu possessif, taiseux, énigmatique et travailleur.
Ma mère était possessive, un peu mystérieuse, ses affections étaient bloquées comme celles de mon père d'ailleurs.
Tous deux étaient très émotifs.
Ils étaient rivés à des principes.

Le Nombre héréditaire se composera des nombres résultant des calculs des valeurs des lettres des noms des géniteurs et du ou des nombres de la valeur de la ou des lettre(s) maîtresses dans ces noms.

85 + 60 = 145 voir les noms

15 et 9, valeurs des lettres apparaissant le plus souvent.

145 + 15 + 9 = 169 ou nombre héréditaire.

L'analyse de 169 donnera :

1 + 6 + 9 = 16
169 - (7x22) = 15

16 = Effondrement implosion ou explosion

15 = Désirs et occultisme.

Il y aura donc chez le natif un passé qui l'obligera à détruire certaines choses ou à faire table rase.

Il faudra construire, détruire, reconstruire jusqu'à ce qu'on ait trouvé la voie de l'initiation dont le sujet est marqué par ce passé.

Son Karma n'est-il pas l'Occultisme ?

N'est-ce pas la voie à suivre ?

Cela ne nécessite-t-il pas la destruction de préjugés ?

3. LE NOMBRE PROTECTEUR.

Est-il judicieux de considérer tous les prénoms et surnom s'il existe ?

Les uns ne considéreront que le surnom, d'autre le premier prénom ou celui le plus communément utilisé et, enfin, d'autres considéreront l'ensemble des prénoms avec une particularité retenue pour le surnom ou diminutif.

Considérons l'ensemble des prénoms qui nous ont été donnés. Il ne l'ont pas été par hasard ou par pure fantaisie. C'est soit pour perpétuer le souvenir de l'un ou l'autre parent et qui dit perpétuer le souvenir n'est-ce pas démontrer une certaine volonté à transmettre l'esprit de ce parent à l'enfant soit attirer sur l'enfant la protection des esprits de ces parents ou d'autres personnes.

C'est ainsi que les trois prénoms que je posséde Pierre, Everard, Jean, le premier est le même que celui de mon père, le second est celui de mon parrain, le père de mon père, et le troisième est le prénom masculin de Jeanne, prénom de ma marraine, la mère de ma mère.

Retrouver, chers lectrices et lecteurs, les origines des prénoms qui vous ont été attribués, et vous découvrirez beaucoup de choses.

Maintenant, il peut arriver que l'on choisisse soi-même de porter un prénom. On vient manifester par là un démarquage total avec des liens familiaux. C'est une forme de rupture. A ce moment là, il ne faut plus hésiter, il n'y a plus qu'un seul prénom à analyser.

Analysons les trois prénoms.

P =	17	E =	5	J =	10
I =	9	V =	6	E =	5
E =	5	E =	5	A =	1
R =	20	R =	20	N =	25
R =	20	A =	1		
E =	5	R =	20		
		D =	4		
Totaux :	76		61		41

76 + 61 + 41 = 178 = 1 + 7 + 8 = 16
178 - (8x22) = 2

16: C'est la timidité, le sens de l'effort c'est aussi qu'il faut toujours se battre pour refaire ce qui se défait, se détruit. C'est pourtant le sérieux, l'honnêteté et la bienveillance.
Il est clair que tout sera entrepris dans un désir de s'épanouir. L'adaptation ne sera pas toujours facile.

2: C'est la générosité, la discrétion, la patience. On donne confiance. La sensibilité est grande et on sera influencer par le milieu ambiant.

Mais la combinaison de ces deux chiffres peut amener des désillusions, des désenchantements. Il y a de la fragilité.

Fragilité qui se répercutera sur les fonctions digestives et même évacuatrices. Et c'est malheureusement vrai.

Dans ma jeunesse, et encore de temps en temps aujourd'hui on m'appelait Pierrot.

Certains diront que Pierrot pour un homme de près de soixante ans, ce n'est plus de mise.

Et pourtant, je vous avancerai que je préfère de loin que l'on m'appelle par ce surnom que par le prénom Pierre que je trouve en soi assez dur.

Voyons l'influence de "Pierrot" dans cette analyse plus intime :

P = 17
I = 9
E = 5
R = 20
R = 20
O = 22
T = 9 = 102 = 1 + 0 + 2 = 3 (intelligence)
102 - (4x22)= 14 (adaptabilité)

178 + 102 = 280 = 2 + 8 + 0 =10
280 - (12x22) = 16

Il apparaît que ce surnom compense ce qui a été dit auparavant au sujet de la difficulté d'adaptation et que l'intelligence permet de dominer le manque de clairvoyance ou éviter de nourrir des illusions. Du point de vue santé, il y a des troubles psychosomatiques (cela se tient avec ce qui a été dit auparavant).

Dans ces prénoms, nous constatons une dominante des nombres 5 et 20, ce qui tend à prouver que l'être est sous l'influence de Jupiter, du Pape et du Jugement du Tarot.

Ce sera donc un être recherchant la philosophie. C'est un esprit libéral, généreux, philanthrope. C'est aussi une recherche d'horizons nouveaux.

Le Pape, ce sera le conseiller, le protecteur, l'ouverture d'esprit permettant de démêler toute situation.

Le Jugement ce sera la remise en question constante. Ce sera repenser, remettre en cause ce que l'on a réalisé, et en tirer les leçons. Ce sera repenser et repenser encore la manière de réaliser sa vie.

Une analyse complémentaire du Nombre Protecteur fera apparaître:

dans le premier cas : 16 + 2 = 18

Il faudra être protégé contre les désillusions, les mirages.
Il serait nécessaire que l'imagination soit féconde.

dans le deuxième cas : 10 + 16 = 26 soit 2 + 6 = 8
26 - 22 = 4

Par le 8, ce sera par le bon équilibre, le sens pratique, et le dévouement que on se sentira protégé.

Par le 4, faut-il encore insisté car il revient très souvent.
Sens du devoir, une certaine domination des choses etc. seront les sources de cette même protection.

D'une part, ce sera la Terre et son magnétisme, c'est à dire son électro-magnétisme et, d'autre part, ce sera Mars et sa chaleur qui combineront l'énergie vitale protectrice.
Tout trouble ou défaillance dans cette combinaison créera des perturbations de tout ordre.
N'oublions pas que dans le Tarot, ce sera, d'un côté, la Justice et, de l'autre, l'Empereur.

L'injustice, la mesquinerie, l'étroitesse d'esprit et le manque d'ouverture aux autres de la part d'autrui seront les causes principales des tensions chez le natif.

Les Nombres Protecteur seront donc selon le cas : 178 ou 280

4 . LE NOMBRE DE POTENTIALITÉ.

On considère ici chaque première lettre des nom, prénoms et surnom :

S	-	P	-	E	-	J	-	P	=	64 = 6 + 4 = 10
15	+	17	+	5	+	10	+	17		64 - (2x22) = 20

S = Intuition et coeur président aux idées et aux actions. Recherche de vie en symbiose avec les sentiments.

P = C'est une certaine réserve, une certaine pudeur pouvant être interprétée comme de la froideur. Il y a désir d'apporter quelque chose aux autres. Il apparaît deux fois.

E = Volonté de se préoccuper des autres, de les guider, de les conseiller.

J = Signe d'indépendance et une forme d'égocentrisme, d'arrivisme.

10 = Ce sera le changement, le sens de l'initiative, le pragmatisme, la spontanéité et l'enthousiasme. Attention si ces deux derniers éléments sont réfreinés car ce sera l'instabilité certaine et l'inadaptation.

20 = Ce sera une forme d'inspiration. On sera apte à apprécier les choses et les gens. La nature sera néanmoins réservée mais curieuse de tout et ouverte à tout. La sociabilité et un certain esprit religieux prévaudront.

Sur le plan professionnel, le sujet sera prédisposé à des activités multiples qui peuvent demander de nombreux déplacements, par exemple des activités commerciales, ou des activités d'animation ou même d'enseignement à caractère social et culturel.

Sur le plan sentimental, il pourra y avoir une certaine instabilité, une façon un peu bohème de voir les choses, le tout mû par une très grande sensibilité et une certaine pureté qui pourront débouchés éventuellement sur des sentiments de frustration selon le caractère des échanges avec la partenaire.

Ces sentiments pourront d'ailleurs être très dévoués.

Sur le plan de la santé, la longévité sera bonne mais il faut s'attendre à des troubles cycliques et psychosomatiques affectant les vois digestives et gastriques.

Le Nombre de Potentialité est 64.

5. LE NOMBRE PHYSIQUE.

Pour déterminer la nature physique de l 'être, nous prendrons en considération les consonnes des noms, prénoms et surnom :

S	-	T	-	S	-	S	-	N		
15	+	9	+	15	+	15	+	25	=	79
P	-	R	-	R						
17	+	20	+	20					=	57
V	-	R	-	R	-	D				
6	+	20	+	20	+	4			=	50
J	-	N								
10	+	25							=	35
P	-	R	-	R	-	T				
17	+	20	+	20	+	9			=	66

287=2+8+7=17

287 - (13x22) = 1

17 = La nature a besoin de se surpasser malgré des prédispositions à des troubles lymphatiques. Le système osseux pourraît être fragile non pas qu'il ait des conséquences de possibilité de fractures, mais surtout dans sa structure elle-même, colonne vertébrale, jambes, les organes génitaux seront à surveiller.

1 = La vitalité est bonne en général.

La combinaisons avec le 17 donne un magnétisme certain. Mais le sujet connaîtra des troubles fonctionnels en raison d'une hyperémotivité trop grande et par là même d'anxiétés nombreuses.
Tout comme cette même combinaison 17 + 1 = 18 indiquera au sujet des possibilités d'indispositions fréquentes d'origine émotionnelle.
Il faudra veiller à la circulation dans les jambes.
Néanmoins, ce sera une nature assez vive, quoique lymphatique par moment.

1 Ce sera aussi le Soleil, l'énergie, la vitalité mais aussi peut-être des problèmes cardiaques d'ordre nerveux.
La dominante des lettres est celle du nombre 20. Ce qui ne fait que confirmer une certaine fragilité du psychisme.

Le Nombre physique est 287.

6. LE NOMBRE DE L'AME ET DU COEUR.

Pour connaître la pure intimité de l'être tel qu'il est au fond de lui-même, sans influence d'aucune sorte, nous analyserons les voyelles des noms, prénoms et surnom :

A		E				
1	+	5			=	6
I		E		E		
9	+	5	+	5	=	19
E		E		A		
5	+	5	+	1	=	11
E		A				
5	+	1			=	6
I		E		O		
9	+	5	+	22	=	36

total 78 = 7+ 8 = 15
78 - (3x22) = 12

15 = Lilith et le Diable.

L'impulsivité et la sensibilité seront importantes. Il y a l'esprit de jouissance, une forme d'épicurisme. Les lois naturelles sont des éléments moteurs.

C'est une dualité dont le devenir impose une transformation. Sujet à s'autocritiquer et par là même, cet Etre n'admet pas facilement qu'on le critique. Il est nécessaire de vivre tel qu'on est et selon ses aspirations.

12 = Le Pendu, le Soleil noir.

C'est un être intuitif, instinctif au naturel. Il hait les complications, les aliénations, les contrariétés ridicules.

La pensée est profonde, la force morale est grande. Il ne faut pas décourager ce penseur et nourrir des idées négatives dans son entourage, ce serait nuire à sa circonspection.

Un petit exercice complémentaire. Additionnons 15 et 12, nous obtenons 27 soit 2 + 7 = 9 et 27 - 22 = 5.

La profondeur de la pensée, de l'analyse de Saturne et de l'Ermite au service d'activités de conseil, de penser ou de philosopher par Jupiter et le Pape.

C'est une remarquable voie du devenir des nombres 15 et 12.

Le Nombre de l'Ame et du Coeur est 78.

7. LE NOMBRE COSMIQUE OU LE NOMBRE PERSONNEL.

Le Nombre cosmique est le nombre personnel qui est la synthèse des divers nombres qui engendrent les influences de notre vie et de notre comportement.

Pour déterminer ce nombre, nous procédons à l'addition des nombres Natal, Héréditaire, Protecteur, de Potentialité, Physique et de l'Ame et du Coeur.

- Nombre natal	:	33
- Nombre héréditaire	:	169
- Nombre Protecteur	:	280
- Nombre de Potentialité	:	64
- Nombre Physique	:	287
- Nombre de l'Ame et du Coeur	:	78
Total	:	911

911 est donc le nombre Cosmique ou personnel.

Nous allons un peu l'analyser ce nombre.

ANNEES MARQUANTES DE LA VIE OU CYCLES

Certains cycles existent dans la vie ou encore ce qu'on peut dénommer des périodes.

Nous n'entrerons pas dans le détail de l'horloge cosmique de l'homme mais nous rappellerons néanmoins les cycles des biorythmes:

- cycle physique	:	23 jours
- cycle émotionnel	:	28 jours
- cycle intellectuel	:	33 jours

Chacun de ces cycles passent par les 2 phases, celle de décharge et celle de récupération avec chaque fois un jour critique à mi cycle c'est-à-dire respectivement à 11,5 jours, 14 jours et 16,5 jours.

Cette périodicité des cycles est comptée à partir de la date de naissance et, si l'on veut être précis, même à partir de l'heure de naissance, mais ceci est plus aléatoire.

Ces nombres de 23, 28 et 33 peuvent aussi s'appliquer à des cycles de 23 mois, 28 mois, 33 mois ou encore 23 ans, 28 ans et 33 ans.

Le cycle de 23 se rapportera à la santé, celui de 28 aux sentiments, à l'amour, à l'affection, celui de 33 affectera le psychisme et l'intellect.

Rappelons encore que certains nombres marquent aussi des phases importantes :

7 : périodicité en années de renouvellement des cellules.

9 : neuf mois de gestation d'un enfant dans le sein de sa mère.

11 : La périodicité en années des taches solaires.

13 : symbolisme de l'aurore d'un renouveau puisque l'Etoile des Mages est apparue le 13ème jour avant le jour de la naissance du Christ.

14 : Nombre de base cyclique chez les Hindous et, demi cycle lunaire ou encore les 14 jours de phase montante et les 14 jours de phase descendante de la lune.

16 : Cycle de 16 ans en rapport avec la méridien magnétique.

19 : Le nombre d'années du cycle de Méton.

21 : Nombre de commencement après le 21 septembre qui est le 1er jour de l'année chez les Juifs, les Incas, les Egyptiens et les Chinois.

Cet élément sera important à tenir en compte car pour toute personne née à partir du 21 septembre d'une année quelconque la période prendra cours à partir de l'année suivante.

22 : C'est une fin de cycle, souvent il devra être considéré le chevauchement du 21 et du 22.

Encore une fois, un exemple concret vous expliquera le mécanisme de détermination des années marquantes de la vie.

Reprenons l'année de naissance de l'auteur 1929.

1929 + 7 = 1936/37	école primaire,
1929 + 9 = 1938/39	séjour en préventorium
1929 + 11 = 1940/41	déménagement important précipité
1929 + 13 = 1942/43	communion solennelle
1929 + 14 = 1943/44	perturbations scolaires et vie sous nombreux bombardements,
1929 + 16 = 1945/48	déménagement important
1929 + 19 = 1948/49	service militaire

1929 + 21 ou 1930 + 21 = 1950/1951
début vie professionnelle, fiançaille,
1929 + 22 = 1951/52 mariage.

1929 + 28 = 1957/1958 divorce et remariage
1929 + 33 = 1962/1963 changement important de situation
1929 + 28 + 28 = 1985/1986 perte affective

Selon ces cycles les années à considérer seront en partant de la base 1929, année de naissance :

cycles de 7 ans: 1936/37 - 1943/44 - 1950/51 - 1957/58 - 1964/65 1971/72 - 1978/79 - 1985/86 - 1992/93 - 1999/2000

cycles de 9 ans : 1938/39 - 1947/48 - 1956/57 - 1965/66 - 1974/75 1983/84 - 1992/93 - 2001/02

cycles de 11 ans ; 1940/41 - 1951/52 - 1962/63 - 1973/74 - 1984/85 1995/96

cycles de 13 ans : 1942/43 - 1955/56 - 1967/68 - 1980/81 - 1993/94

cycles de 14 ans : 1943/44 - 1957/58 - 1971/72 - 1985/86 - 1999/2000

cycles de 16 ans : 1945/46 - 1961/62 - 1971/78 - 1993/94

cycles de 19 ans : 1948/49 - 1967/68 - 1986/87 - 2005/06

cycles de 21/22 ans : 1950/52 - 1971/73 - 1992/94.

cycles de 23 ans : 1952/1953 - 1975/1976 - 1998/1999

cycles de 28 ans : 1957/58 - 1985/86

cycles de 33 ans : 1962/63 - 1995/96

Les années les plus marquantes sont celles qui se répètent dans plusieurs cycles ou encore qui se chevauchent sur 2 ou plusieurs cycles car ce sont alors des périodes plus longues.

exemples : 1942 à 1944 = 1942/43 cycle de 13 ans
1943/44 cycles de 7 et 14 ans
1947 à 1949 = 1947/48 cycle de 9 ans.
1948/49 cycle de 19 ans
1950 à 1952 = 1950/51 cycle de 7 ans
1951/52 cycle de 11 ans
1950/52 cycle de 21/22 ans
1955 à 1958 = 1955/56 cycle de 13 ans
1956/57 cycle de 9 ans
1957/58 cycles de 7, 14 et 28 ans
1961 à 1963 = 1961/62 cycle de 16 ans
1962/63 cycle de 11 ans
1964 à 1966 = 1964/65 cycle de 7 ans
1965/66 cycle de 9 ans
1967 à 1968 = 1967/68 cycles de 13 et de 19 ans
1971 à 1972 = 1971/72 cycles de 7 et 14 ans
1973 à 1975 = 1973/74 cycle de 11 ans
1974/75 cycle de 9 ans
1971 à 1974 = 1971/73 cycle de 21/22 ans
1977 à 1979 = 1977/78 cycle de 16 ans
1978/79 cycle de 7 ans
1983 à 1987 = 1983/84 cycle de 9 ans
1984/85 cycle de 11 ans
1985/86 cycles de 7, 14 et 28 ans
1986/87 cycle de 19 ans
1992 à 1996 = 1992/93 cycle de 7 et 9 ans
1993/94 cycle de 13 et 16 ans
1992/94 cycle de 21/22 ans
1999 à 2000 = 1999/2000 cycles de 7 et 14 ans.

Chaque cycle subit une influence cosmique :

le cycle 7 : Uranus et le Chariot

Uranus = la nouveauté, la novation, les nouvelles choses, techniques, études, traveaux.

le Chariot = esprit et intelligence sont mises en éveil et ce mouvement pour maîtriser les événements les choses etc...

le cycle 9 : Saturne et l'Ermite

Saturne = construction avec lenteur, recherche, études, isolement, inhibition.

l'Ermite = méditation, recherche, état de veilleuse, préparation, détachement.

le cycle 11 : Neptune et la Force

Neptune = liberté de l'esprit, des liens et attaches, irrationalité, fuite

la Force = endurance, courage, puissance anémique.

le cycle 13 : Pluton et l' Arcane sans nom

Pluton = existence nouvelle sur le plan spirituel, perception de l'irréel.

l'Arcane sans nom = transformation, les ténèbres s'éclairent, d'où clarté des idées, de l'esprit, détachement matériel.

le cycle 14 : la Tempérance. Réactivation de la vie par tout changement qui permet de libérer la spontanéité et de se dégager des mesquineries ou de déboires. Meilleure perception des autres.

Cycle de 16 : La Maison Dieu. Des choses construites se détruisent. Il faut se remettre sur de nouveaux rails. Responsabilité des actes et de leurs conséquences. On assume, on paie.

Cycle de 19 : Le Soleil du Tarot. Triomphe des difficultés. Succès dans tous actes et actions pour autant que ce soit bien entrepris.

Cycle de 21/22 : Le Monde, le Fou du Tarot.
Le noeud sud astrologique.
C'est un cycle à la fois de bonheur, de plénitude de satisfaction. Nous créons quelque chose de riche et pouvons tirer profit des acquis.

Peut-être est-ce de manière désordonnée et serons-nous obligés de recommencer sans regarder en arrière.

Cycle de 23 ans : Le Bateleur (23-22)
Nécessité de comprendre, concevoir et émettre des idées. C'est à dire qu'il faut être actif.

Cycle de 28 ans : L'Amoureux. (28-22)
Les sentiments sont en jeu.
Le Coeur a ses raisons que la raison ignore.
Il faut faire un choix.

Cycle de 33 ans : La Force (33-22)
Raison, sentiments et volonté sont source de triomphe.
L'intelligence, le courage et l'endurance font mener â bien ce que on entreprend
La vertu et la puissance animique se complètent pour donner la force de vaincre tous les obstacles.

Il est aussi très intéressant de disséquer une année particulière.

Nous savons déjà que nous pouvons trouver le nombre d'or d'une année particulière selon le cycle de Méton de 19 ans (voir page 48).

Reprenons l'exemple de 1987. 12 en est le nombre d'or
(87 + 1 = 88 : 19 = 4 reste 12)

C'est un cycle 19, donc pour l'auteur, une année où bien des difficultés seront surmontées et le 12 qui est le Pendu du Tarot et le Soleil noir astrologique nous en indiquent respectivement un certain détachement, une force philosophique, dévouement aux autres et mise en question des conventions et choses établies.

Nous terminerons ce chapitre que nous savons être incomplet mais, les lectrices et lecteurs qui auront bien assimilé les données de ce livre, pourront donner libre cours à leur imagination et trouveront certainement en d'autres mots des éléments de leur vie ou de la vie d'autrui qui se rattacheront aux différentes idées maîtresses émises.

Cette fin de chapitre ce clôturera sur 3 dates de l'auteur prises au hasard :

1964 : cycle de 7 ans
Nombre d'or : 64 + 1 = 65 : 19 = 3 reste 8
8 c'est la Terre, l'arcane de la Justice.
Ce fut sur le plan professionnel, l'accession à un premier poste de Direction dans une entreprise d'informatique multinationale.

1984 : cycle de 9 ans
Nombre d'or : 84 + 1 = 85 : 19 = 4 reste 9
9 c'est Saturne, c'est l'Ermite.
Analyse des nombres et des publications sur la numêrologie
Participation à divers festivals et activités touchant à tout le domaine de la parapsychologie, aussi bien en France qu'en Belgique.

1986 : cycle de 7, 14 et 19 ans.
Nombre d'or : 86 + 1 = 87 = 19 = 11
11, c'est la Force, c'est Neptune
7, c'est Uranus, le Chariot
14, c'est la Tempérance
19, c'est le Soleil

L'auteur eut un rêve prémonitoire où il vit un avion Mirage avec 2 pilotes à bord, passé sur le dos à basse altitude au-dessus d'une piste d'envol et s'écraser. Le lendemain après-midi, cet accident arriva sur une base militaire près de Liège. Un des aviateurs fut tué. C'était son fils.

Uranus, c'est la soudaineté d'un événement (aérien).

La Force, c'est le courage et l'endurance qui permettent de surmonter et à donner une puissance magique.

Neptune, c'est la médiumnité qui perçut cette prémonition.

La Tempérance impose d'éviter d'accepter les choses passivement.

Elle apaise nos humeurs négatives, nos colères.

Enfin, le Soleil nous réchauffe le coeur et nous donne l'espérance d'aujourd'hui et de demain.

Le système de Cosmonumérologie qui vous a été proposé peut s'appliquer à n'importe quel domaine.

Il suffit de faire l'interprétation en fonction du problème qui est à résoudre.

Avez-vous aujourd'hui une importante décision à prendre ?

Déterminez d'abord votre Nombre cosmique. Retenez la planète maître. Il est d'ailleurs important que vous le connaissiez bien et que vous soyez pénétré des éléments qui l'influencent.

Calculez le nombre d'or de l'année. Voyez la planète de ce cycle.

Voyez dans quels cycles vous êtes.

Tenez compte des planètes du mois, du décan et du jour ainsi que de l'heure éventuellement.

Exemple : Dois-je changer de voiture maintenant ?

Transposez en valeur les lettres de votre question.

D O I S J E C H A N G E R D E V O I T U
4 22 9 15 10 5 21 1 14 3 5 20 4 5 6 20 9 9 6

R E M A I N T E N A N T
20 5 13 1 9 14 9 5 14 1 14 9 Total : 302

Planète maître du Nombre cosmique 12

Si je me suis posé cette question le 10 juin 1987, par exemple, j'obtiendrai :

Nombre d'or de l'année (voir précédemment) 12
donc planète 12

Cycle de 19 ans = planète 1 1

Planète du signe	Mercure	3
Planète du deuxième décan	Mars	4
Planète du Jour Mercredi	Mercure	

Voyons par quelle planète la question est influencée dans sa formulation : 302 = 3 + 0 + 2 = 5 Jupiter

Le résultat de l'addition de ces planètes nous donnera l'indication de la réponse :

12 + 12 + 1 + 3 + 4 + 5 = 35 3 + 5 = 8

8 c'est la planète Terre : veiller à l'équilibre financier

35 - 22 = 13 La lame sans nom ou le renouveau.

La réponse est simple : en veillant à ne pas exagérer la dépense, la nouvelle voiture peut être achetée.

Un autre ouvrage est en préparation. Il s'intitulera sans doute la "COSMOLOGIE ONOMANTIQUE". Il développera une méthode assez similaire à l'horoscope astrologique sans nécessité de connaître l'heure de naissance,

Cette méthode sera aussi davantage axée sur l'astrologie sidérale avec la rectification de ± 24° et proche aussi de l'astrologie indoue.

TABLE DES MATIERES

BIBLIOGRAPHIE

Tous les auteurs et livres consultés ne sont pas repris dans cette bibliographie.

Il n'y a aucune intention de sélection.
Ils seront repris dans le second ouvrage.

Ceux qui penseraient être victime d'une quelconque discrimination acceptent de croire au respect profond de l'auteur qui n'a absolument eu aucune intention de vouloir les froisser.

Andrieu I.	Ed. Dangles	Astrologie, clé des vies antérieures.
Antarès G.	Ed. Artois Picardie	L'Art de l'Interprétation en Astrologie
Atalane	Ed. Rocher	Les noeuds de la Lune, clés de l'interprétation astrologique
Bardet J.C.	Ed. Maloine	Les clés de la recherche fondamentale
Bardon F.	Ed. Rüggeberg	The Key of the True Quabbalah

Cissay D.	Ed. Tredaniel	Changer votre prénom pour changer de vie
Curcio M.	Ed. Casterman	Le dictionnaire de l'Astrologie
Creusot C.	Ed. Dervy	La face cachée des Nombres
de Gravelaine J.	Ed. Laffont Ed. L'Espace Bleu	La Voie du Soleil Le Retour de Lilith
de Kersaint J.P.	Ed. Dangles	Toute la Numérologie
Delebarre P.	Ed. L'Espace Bleu	La Clé de l'Astrologie
de Saint Martin	Ed. Cariscript	Les Nombres
Fabris S.	Ed. Laffont	Les Pouvoirs des Chiffres
Fermier D.	Ed. Grancher	A B C de la Numérologie
Gerardin L.	Ed. Dangles	Le Mystère des Nombres
Ghyka M.	Ed. Payot Ed. Gallimard	Philosophie et mystique des nombres Le Nombre d'Or
Girié J. et de Miribel A	Ed. J. Laffitte	Le Tarot Sacré
Hadar C.	Ed. de Mortagne	La Numérologie du caractère
Hadès	Ed. Bussière	Pluton et les grands mystères Manuel complet de Numérologie

Halfon R.(Dr.)	Ed. Bussière	L'Homme, les Planètes et les Nombres
	Ed. du Signal	Le Zodiaque des Nombres Le Zodiaque du Corps
Haven M. (Dr.)		Le Tarot, l'alphabet hébraïque et les nombres
Jouven G.	Ed. Dervy	Les nombres cachés
Keirneïz C.	Ed. Tallandier	Le vrai visage de l'astrologie
Koechlin de Bizémont D.	Ed. Laffont	L'astrologie karmique
Leconte M.	Ed. Trevisse	Découvrez vous-même votre avenir par le Tarot de Marseille
Léonard J.	Ed. Pic	La grande initiation
Miquel O.	Ed. Helios	Ephémérides des Astéroïdes 1901 - 2020
Némousos C.	Ed. Trédaniel	Etude sur les nombres occultes
Peignot C.	Ed. Lachurie	Le Nombre, langage de Dieu
Poinsot M.C.	Ed. Drouin	Cours supérieur d'Astrologie onomantique
Privat M.	Ed. Grasset	L'Astrologie scientifique à la portée de tous.

Reghini A.	Ed. Arché	Les Nombres sacrés
Ruchet G.	Ed. Dervy	Recherche et réflexion sur le Soleil noir
Savigny-Vesco M.	Ed. Bussière	Le Secret des nombres
Sepharial	Ed. Foulsham	The numbers
Schulman M.	Ed. S. Weiser	Karmic Astroly
Slosman A. et Bellecour E.	Ed. Laffont	La Grande hypothèse L'Astronomie des Egyptiens
Slosman A.	Ed. Laffont	Le Grand cataclysme La Vie de Pythagore Le Zodiaque de Denderah
Trois Initiés	Ed. Perthuis	Le Kybalion
Vinal M.	Ed. Mercure de France	Méthode astrologique psychologique d'orientation
Virya V.	Ed. Présence	Kabbale et destinée
Wirth O.	Ed. Sand	Le Tarot des initiés du Moyen âge
Bellecour E.	Laffont	Nostradamus trahi